라떼 한 잔의
은혜

먹고 마시고 걷고 사랑하는 모든 순간 속에 계신 하나님

라떼 한 잔의
은혜

노창수 지음

국제제자훈련원

1 도그와 영성
충성으로 배우는 순전한 믿음

2 스포츠와 영성
경기장에서 배우는 인생의 룰

3 푸드와 영성
먹는 일상 속에 깃든 은혜

저자는 라떼 한 잔에서 하나님을 느낀다고 고백합니다. 그리고 그 라떼 한 잔의 묵상을 나누고 싶다고 말합니다. 바쁜 목회 현장 속에서도 라떼를 앞에 두고 성도들의 얼굴을 떠올리며 이 글들을 써 내려갔다는 사실이 마음에 따뜻하게 남습니다. 그래서 그가 권하는 라떼 한 잔에는 하나님의 은혜가 고스란히 담겨 있습니다. 일상에서 길어 올린 두레박 샘물 같은 이야기들이라 정갈하고 따뜻한 향기가 흐릅니다. 졸린 눈으로 읽어도 마음에 스며드는 글입니다.

설교에 지친 영혼에게도, 끝없이 쏟아지는 책들 사이에서 무엇을 읽어야 할지 막막한 이들에게도, 이 책은 부담 없이 은혜를 경험하게 하는 뜻밖의 선물이 될 것입니다. 독서가 버겁게 느껴지는 이웃에게 망설임 없이 권하고 싶은 책입니다.

모든 것이 짐처럼 느껴지는 시대에, 이 책이 독자에게 한 잔의 라떼처럼 작은 행복이 되기를 바랍니다. 저자의 마음 깊은 곳에 머물던 따뜻한 기운이 이 책을 펼치는 모든 이에게 전해지기를 기도합니다.

이동원 지구촌목회리더십센터 대표

라떼 한 잔의 은혜

삶이 바쁘고 마음이 지쳐 있을 때 우리는 잠시 멈춰 숨고를 영적 쉼표가 필요합니다. 노창수 목사님의 글은 바로 그 쉼표가 되어줍니다. 이 책에는 거창한 신학 용어가 등장하지 않습니다. 대신 일상의 작은 순간에서 발견한 크고 깊은 은혜가 담겨 있습니다. 반려견의 맑은 눈빛, 라떼 한 잔의 향기, 바람에 흔들리는 나무 한 그루, 식탁 위의 소박한 음식들, 이 모든 것이 주님의 손길이었음을 조용히 일깨웁니다.

노창수 목사님은 선한 목자이십니다. 주님을 사랑하고, 성도들을 사랑하고, 교회를 사랑하는 마음으로 목양의 글을 써오셨습니다. 그 사랑이 글 한 줄 한 줄에 스며 있어 읽는 이의 마음에도 잔잔한 위로와 따뜻한 빛으로 번져갑니다. 책장을 넘기다 보면 자연스레 고백하게 됩니다. "아, 하나님은 멀리 계시지 않았구나. 내 하루 속에, 내 식탁 위에, 내 작은 순간 속에 늘 함께 계셨구나."

이 책은 우리가 잊고 지냈던 영적 감수성을 회복시켜 줍니다. 바쁜 일상에서 하나님을 놓치기 쉬운 시대에, 잠시 멈춰 하나님을 다시 바라보게 하는 책입니다. 감사의 시선을 열어주고, 잃어버린 기쁨을 회복하게 하며, 평범한 날들을 거룩한 날로 바꾸는 은혜를 전합니다. 하루 한 꼭지씩 읽기만 해도 마음의 온도가 서서히 올라가고, 영혼의 숨결이 깊어집니다.

삶이 무겁게 느껴지는 성도들, 일상이 건조해진 분들, 신앙에 새로운 바람이 필요한 분들께 이 책을 기쁘게 추천합니다. 읽는 동안 하나님이 주시는 위로와 사랑이 당신의 마음을 따뜻하게 감싸줄 것입니다.

강준민 L.A. 새생명비전교회 담임목사

따뜻한 책이 세상에 나왔습니다. 《라떼 한 잔의 은혜》는 주님 안에서 함께 동역해온 사랑하는 노창수 목사님이 남가주사랑의교회 성도들과 나누었던 신앙의 단상들을 엮어낸 소중한 선물입니다. 그 안에는 세상살이에 지친 영혼을 부드럽게 감싸주는 복음의 은혜가 담겨 있습니다.

이 책은 단순한 묵상집을 넘어, 오랜 목회 여정이 고스란히 스며 있는 작은 자서전 같습니다. 문장은 부드럽지만 그 안에 세월이 만든 단단함이 있고, 어조는 고요하지만 깊이에는 복음의 울림이 진하게 남습니다.

추천의 글

신앙의 초심을 다시 붙들고 싶은 이들에게는 위로가 되고, 묵묵히 믿음의 길을 걷는 성도들에게는 쉼이 되며, 목회의 길을 달려가는 사역자들에게는 다시금 사명의 불을 지펴주는 귀한 선물이 될 것입니다. 삶의 모든 순간 속에서 하나님의 동행하심을 새롭게 느끼고 싶은 분들께 이 책을 추천합니다. 읽는 내내 하나님의 은혜가 조용히 스며들어 영혼의 온도가 한층 따뜻해지기를 소망합니다.

오정현 사랑의교회 담임목사

라떼 한 잔의 은혜!

창밖에서 비춰오는 아침 햇살 같은 제목입니다.

향이 강하지도, 특별한 장식이 있는 것도 아닌 듯 보이지만, 마치 매일 아침 자연스럽게 마주하는 따뜻한 차 한 잔처럼 잔잔하게 마음을 데웁니다. 그러나 인생은 결국 해석의 문제라고 하지요. 노창수 목사님의 글을 읽다 보면 평범한 일상이 어떻게 전혀 다른 차원의 '특별한 일상'으로 다시 보이는지 놀라게 됩니다. 특별하지 않으면서도 특별해지는, 비상하지 않으면서도 비상한 날들로 채워집니다.

저는 시각장애인들과 오랜 시간을 함께 지낸 경험이 있습니다. 그들의 세계는 들리는 소리만으로 존재를 느끼는 차원이 아니라, 세상을 촉각과 감각으로 입체적으로 만져내는 세계입니다. 이 책을 읽는 경험도 그러했습니다. 지금껏 단순히 지나갔던 일상들이 새로운 깊이로 다가오고, 무심했던 하루가 '일상의 기적'으로 다시 읽히는 순간들이 책 곳곳에서 펼쳐집니다.

이 책은 매일의 시간을 장엄하게 꾸며 소개하지 않음에도 불구하고 그리스도인이 하루를 어떻게 사랑하고, 기쁘게, 흥겹게 그리고 진지하게 살아내야 하는지를 자연스럽게 보여줍니다. 또한 하루라는 시간이 어떻게 하나님의 충만한 세계 속에서 드러나고 표현되어야 하는지 조용히 가르쳐줍니다.

강력히 일독을 권합니다. 당신의 평범한 오늘이 새롭게 빛날 것입니다.

송태근 삼일교회 담임목사

라떼 한 잔의 은혜

오랫동안 곁에서 지켜본 노 목사님은, 글에서 말한 그대로 살기 위해 늘 애쓴 분입니다. 예수님을 사랑하는 목회자이기에 그의 글은 공허하지 않고 가볍지 않습니다. 때로는 뒤통수를 맞은 듯한 깨달음을 주고 긴 여운을 남깁니다. 음식과 음료 한 잔에서도 영적인 의미를 끌어내지만 그것이 억지스럽지 않고 자연스럽습니다. 유머가 은근히 배어 있어 읽는 내내 미소가 지어집니다. "어떻게 이런 생각을 하지?" 싶은 경쾌함과 깊이가 공존합니다.

저는 개를 길러본 적이 없지만, 이 책을 읽다 보면 개를 기르는 기쁨과 수고로움이 자연스레 느껴집니다. 더 놀라운 것은 개의 태도에서 신앙인의 영성을 발견해내는 저자의 시선입니다. 찰리라는 반려견이 먹이에 집중하는 모습을 보며 저자는 이렇게 말합니다. "나에게도 찰리 같은 집중력이 있으면 좋겠다. 예수님과 그분의 말씀에 그렇게 집중할 수 있다면 얼마나 좋을까?"

또한 사실 미각만 놓고 보자면, 노 목사님이 특별히 뛰어난 것은 아닙니다. 그저 경험에서 쌓은 '이민 목회자의 미각' 정도일 뿐입니다. 다만 저는 음식을 있는 그대로 즐기는 편이고, 노 목사님은 그 음식에서 영성을 발견해 글로 길어 올립니다. 그가 말합니다. "푸드 영성은 먹는다는 일상의 단순함 속에서도 영혼을 살리는 은혜가 깃들어 있음을 보여주었고, 드링크 영성은 라떼 한 잔 속에 십자가와 은혜, 삶과 믿음이 섞여 있음을 일러주었다."

그의 글 전체에는 이처럼 '크고 조용한 영성'이 흐르고 있습니다. 여러 글 중 한 편을 추천해달라고 한다면, 저는《라떼 한 잔의 은혜》라는 제목을 가장 잘 드러내는 글,「나 때 말고, 하나님의 때」를 권하고 싶습니다. 기성세대가 다음 세대를 바라볼 때, 부모가 자녀와 대화할 때 반드시 기억해야 할 귀한 교훈이 담겨 있습니다.

진한 라떼 한 잔을 앞에 두고, 이 좋은 글들을 천천히 음미해보시기를 권합니다.

최정권 한국성서대학교 총장

10년 동안 미국과 한국을 오가며 종종 만났던 노창수 목사님은, 교인들을 진심으로 사랑하고 배려하는 '참 목자'라는 인상을 주었습니다. 사적인 자리에서도 교회를 먼저 생각하고, 가난하고 연약한 성도들을 향한 긍휼이 담긴 말을 자연스럽게 꺼내는 분이었습니다. 큰 키만큼이나 큰 교회들을 수십 년 이끌어온 목회자에게서 보기 쉽지 않은 '겸손함과 진지함', 그리고 '배려와 따뜻한 유머'가 그에게는 있었습니다. 일상의 작은 부분에까지 예민한 감수성으로 친절을 베풀기에 만나기만 해도 마음이 따뜻해지는 분이었습니다.

은퇴를 앞두고 펴낸 《라떼 한 잔의 은혜》 속 칼럼들을 읽으며, 그동안의 생각이 틀리지 않았음을 확인했습니다. '도그 영성, 스포츠와 영성, 푸드와 영성, 드링크 영성, 트리와 영성, 라이프와 영성'이라는 제목만 봐도 삶의 작은 순간들에서 하나님을 느끼려 했던 그의 신앙적 감수성을 그대로 드러냅니다.

노 목사님은 믿음을 거대한 언어로만 말하지 않습니다. 설렁탕 곁의 깍두기에서, 하늘 높이 솟았지만 뿌리가 얕은 세쿼이아 나무에서, 그리고 여러 스포츠 경기 속에서 하나님의 마음을 읽어냅니다. 그의 마지막 글이 "라떼 한 잔에서도 하나님을 느끼다"인 것은 결코 우연이 아닙니다. 그것은 그의 삶을 요약하는 한 문장처럼 보입니다.

라떼 한 잔에서도 하나님을 느낄 수 있었던 이유는, 예배와 삶을 분리하지 않고 인생의 씨줄과 날줄처럼 엮어 생각했기 때문입니다. 일상적 에피소드를 성경의 빛 아래 해석해 정갈하고 다정한 언어로 풀어낸 이 글은 오랫동안 사람들의 기억 속에 '향기로운 기억의 조각'으로 남을 것입니다.

김지찬 부산 수영로교회 협동목사, 전 총신대학교 신학대학원 구약교수

우리는 종종 신앙을 먼 곳의 신비나 특별한 사건으로 착각합니다. 그러나 이 책은 그 흔한 착각을 깨뜨립니다. 《라떼 한 잔의 은혜》는 신앙이 바로 우리가 먹고, 마시고, 걷고, 사랑하는 그 모든 순간 속에 하나님이 곁에 머무르는 것임을 섬세하게 포착합니다. 따뜻한 커피 한 잔의 향처럼, 반려견의 맑은 눈빛처럼, 식탁 위의 소박한 음식처럼, 하나님은 평범한 장면들 속에서 조용히 우리에게 말씀하십니다. 이 책은 우리의 영혼이 가장 깊은 호

흡을 배우는 자리, 즉 평범한 일상이 곧 거룩한 예배가 되는 자리로 독자들을 안내합니다. 일상의 사소함 속에서 가장 진하고 깊게 숨 쉬고 있는 은혜를 발견하려는 모든 분께 이 책을 강력히 추천합니다.

이찬수 분당우리교회 담임목사

저자의 글은 일상의 지극히 평범한 순간 속에서도 하나님을 경험하도록 이끄는 영성의 세계로 독자를 데려갑니다. 반려견의 작은 눈빛, 운동장에서의 열정, 따뜻한 한 끼 식사와 라떼 한 잔 속에서도 하나님의 은혜를 세심하게 포착해냅니다. 저자의 시선을 따라가다 보면, 주변의 모든 존재가 새롭게 보이고, 사소한 일상의 순간마저 특별한 의미로 말을 걸어오는 경험을 하게 됩니다.

이 책을 통해 가장 크게 깨달은 것은 하나님 앞에서 살아가는 영성이 특별한 장소나 거창한 사건에서 비롯되는 것이 아니라는 사실입니다. 영성은 오히려 매일의 삶 가운데 조용히 피어나는 한 송이 꽃처럼, 가까이 들여다볼수록 더 깊고 향기롭게 다가옵니다. 그 향기는 결국 우리를 아름다운 열매의 세계로 이끌고, 그 길의 끝에서 우리는 자연스럽게 우리를 사랑하시고 모든 것을 베푸시는 하나님을 만납니다.

찬란하게 빛나는 태양이든 길가의 이름 모를 풀 한 포기든, 모두 하나님이 베풀어주신 자연이라는 사실을 기억할 때 그 모든 것이 최고의 걸작처럼 느껴질 것입니다. 그때 비로소 저자가 강조하는 영혼의 숨결, 곧 하나님의 따뜻한 터치를 생생하게 경험하게 될 것입니다.

류응렬 와싱톤중앙장로교회 담임목사, 고든콘웰신학대학원 객원교수

이 책은 커피 이야기를 빌려 영혼의 체온을 높이는 일상의 문장으로 쓰인 신앙 에세이입니다. 노창수 목사는 신앙을 멀리 있는 개념에서 끌어오지 않습니다. 식탁의 뜨거운 밥공기, 운동장의 환호, 마당의 나무 한 그루, 반려견 찰리와 뽀리의 눈빛 같은 평범한 일상에서 하나님이 어떻게 성도의 삶에 머무시는지를 차분하고 단정한 목소리로 들려줍니다.

읽다 보면 마음속 빈자리를 채워주는 문장들이 스며듭니다. "믹스되지 않으면 진짜 커피가 아니다"라는 말은 믿음이 삶과 섞일 때 비로소 향을 낸다는 진리를 일깨웁니다. "하루가 개판이 되어도 사랑이다"라는 고백은 예상치 못한 날에도 변하지 않는 하나님의 사랑을 유머와 위로 사이에서 가르쳐줍니다. "열매의 수가 아니라 뿌리의 깊이로 산다"라는 문장은 서두르지 않는 신앙의 법칙을 다시 기억하게 합니다.

이 책의 울림은 특별한 사건이 아니라 가장 가까운 일상에서 들려오는 '친구의 이야기'에 있습니다. 신용카드 한 장에서 은혜의 경제학을 배우고, 달고나 한 조각에서 녹아내림의 영성을 배우며, 몽당연필에서 끝났다고 여긴 삶이 여전히 "쓰임"이 되는 용기를 얻습니다. 독자는 어느 순간 깨닫게 됩니다. 믿음은 주말의 예식만이 아니라 평일의 설거지와 출퇴근, 강아지 산책과 시장 바구니, 작은 실패와 느린 회복 속에서 자란다는 사실을 말입니다.

가장 인상 깊은 대목은 '충성'에 대한 묵상입니다. 달리기보다 충성이라는 말은 속도보다 지속을 강조하며, 요란한 성과보다 조용한 성실로 하나님께 드리는 일상의 예배를 회복하게 합니다. 스포츠의 은유들은 패배처럼 보였던 날들 위에 "끝날 때까지 끝난 것이 아니다"라는 복음의 역전을 새겨 넣습니다. 쓴맛이 먼저 오는 커피처럼 고난이 찾아와도 결국 남는 향은 은혜라는 사실을 목자의 심정으로 전합니다.

우리는 종종 기적을 찾느라 기적을 놓칩니다. 이 책은 말합니다. "하루는 커피 한 잔처럼 시작된다." 그러니 잠시 멈춰 향을 느껴보라고, 평범해 보이는 순간에도 하나님은 조용히 속삭이신다고, 라떼 거품처럼 사라질 것 같은 하루에도 주님은 사라지지 않는 사랑으로 우리를 감싸신다고….

『라떼 한 잔에 담긴 은혜』는 바쁜 직장인에게는 멈춤의 호흡을, 지친 부모에게는 다시 용기 낼 이유를, 질문 많은 청년에게는 믿음이 삶과 섞이는 법을, 돌봄 사역자에게는 조용한 충성의 위로를 건넵니다. 커피처럼 따뜻하고, 복음처럼 깊으며, 목자의 글처럼 신뢰할 만합니다.

책을 덮고 난 뒤, 저는 습관처럼 컵을 두 손으로 감싸 쥐었습니다. 그리고 이렇게 기도했습니다. "주님, 오늘도 평범한 순간 속에 머무시는 당신의 은혜를 놓치지 않게 하소서." 독자 여러분도 같은 기도를 드리게 될 것입니다. 책이 끝나는 자리에서 삶이 새로 시작되도록, 이 책은 여러분의 하루를 천천히 그러나 분명하게 데울 것입니다. 라떼 한 잔의 온도로 오늘 당신의 믿음도 따뜻해지기를 바랍니다.

강명옥 국제제자훈련원 부원장

하나님이 주신 가장 큰 선물은 무엇일까요? 바로 우리의 삶 그 자체가 아닐까요? 이 책에서 노창수 목사님은 강아지와 스포츠, 커피와 콜라, 신용카드와 몽당연필 같은 평범한 것들 속에서 영성과 신학을 이야기합니다. 신명기에서 광주리와 떡 반죽 그릇까지 복을 약속하신 이유가 바로 여기에 있는 듯합니다. 하나님은 일상의 모든 순간을 축복의 영역으로 품으시며, 우리 한 사람 한 사람이 얼마나 소중한 존재인지 조용하지만 강하게 말씀하십니다. 이 책은 그런 일상을 함께 만들어준 소중한 사람들에게 전하는 감사와 축복의 고백으로 읽힙니다.

서정인 한국컴패션 대표, 목사

평범한 날의 은혜
보잘것없는 하루에도 하나님이 가득 머무신다

하루는 커피 한 잔처럼 시작된다.
따뜻한 김이 피어오르고, 그 향이 코끝에 머무는 순간
굳게 움츠러 있던 마음의 주름이 슬며시 풀린다.

삶은 언제나 그렇게 다가온다.
식탁 위의 소박한 음식, 아침 햇살이 비치는 커피잔,
반려견의 맑은 눈빛, 운동장의 함성,
바람에 몸을 맡긴 나무 한 그루까지.

그 평범한 순간들 속에서
하나님은 오늘도 조용히 다가오신다.

신앙은 먼 곳의 신비가 아니다.
그것은 일상의 틈새에서 피어나는 작은 기도,
눈에는 보이진 않아도
우리를 감싸는 은혜의 숨결이다.
우리가 먹고, 마시고, 걷고, 사랑하는
그 모든 순간 속에 하나님은 곁에 머무신다.

찰리와 뽀리, 두 반려견은 내게 작은 영적 스승이었다.
그들의 눈빛에는 순전함이 있었고,
그들의 기다림에는 변치 않는 사랑이 있었다.
그 모습을 보며 배웠다.
예수님을 향한 믿음은
결국 단순히 사랑하고,
단순히 기다리는 마음임을.

운동선수들의 구호에서도 신앙의 지혜를 만난다.
"끝날 때까지 끝난 것이 아니다."
믿음의 여정도 그렇다.
넘어지고, 지치고, 아무것도 보이지 않아도
마지막 순간에 하나님은 역전의 은혜로 일으키신다.
패배처럼 보이던 자리에도
그분은 새로운 승리의 이야기를 다시 적어 내려가신다.

서툴게 요리를 하던 어느 날, 나는 단순한 진리를 배웠다.
"먹어야 산다."
육신이 음식을 통해 살아가듯,
영혼도 하나님의 말씀을 먹어야 산다.
하루 한 줄의 말씀, 짧은 묵상의 시간 속에서도
하나님은 영혼의 허기를 채우시고
마음의 온기를 되살리신다.

하루의 시작을 알리는 커피 한 잔에서도 영성을 배운다.
짙은 커피와 하얀 크림이 어우러져 한 잔으로 녹아들 듯,
우리의 믿음도 예수님과 십자가 안에서 하나로 녹아들어
삶 전체가 한 편의 고백이 된다.
쓴맛 뒤에 남는 깊은 향처럼,
그분의 은혜는 때로 쓰지만 결국 달콤함으로 남는다.

집 마당의 나무는 사계절 내내 작은 설교를 들려준다.
봄에는 생명의 시작을,
여름에는 성장의 기쁨을,
가을에는 열매의 무게를,
겨울에는 기다림의 신비를 전한다.

무성한 가지를 쳐낼 때 열매가 맺히듯,

우리의 신앙도 가지치기 속에서 성숙해간다.
뿌리가 깊을수록, 믿음은 더 단단해진다.

나는 신용카드 한 장에서도 복음의 비유를 본다.
하나님 앞에서 우리는 모두 신용불량자였다.
그러나 예수님께서 자신의 신용으로 우리의 모든 빚을
대신 갚으셨다.
그분의 이름으로 우리는 다시 일어섰고,
그분의 신용으로 세상 앞에 다시 당당히 서는 새 생명을
얻었다.
이제 우리의 삶은,
하나님의 신용을 세상에 증명하는 이야기다.

이 책은 커피처럼 따뜻하고, 때로는 쓴맛도 있다.
그러나 그 안에는 하나님께서
우리의 평범한 일상에서 빚어가신
은혜의 향기와 사랑의 온기가 담겨 있다.

오늘, 잠시 멈추어 라떼 한 잔을 들어 올려보라.
그 향 속에서, 그 온기 속에서
하나님께서 들려주시는 작은 속삭임을 들어보라.

"라떼 한 잔에 담긴 은혜."
그것은 먼 곳을 향한 여정이 아니다.
이미 내 안에 계신 하나님을
다시 발견하는 여정이다.

평범한 일상이 거룩한 예배가 되는 자리,
그곳에서 우리의 영혼은
가장 깊은 숨을 배운다.

이 책은 매주일 교회 주보 「사랑의목장」에 실었던 글들을
모은 것이다. 글쓰기와는 거리가 먼 내가 매 주일 말씀을 붙
잡고 씨름하며 써 내려간 부족한 글들을 사랑으로 읽고, 격려
해준 남가주사랑의교회 성도들에게 이 마음을 드린다. 바쁘
신 목회 일정 속에서도 귀한 시간 내어 정성껏 추천사를 써주
신 분들께 마음 깊이 감사드린다.

또한 언제나 믿음의 동반자이자 목회의 길을 함께 걸어
준 사랑스러운 아내와 딸에게 이 책을 바친다.

도그와
영성

충성으로 배우는 순전한 믿음

찰리보다 못한 인생?

한눈팔지 않는 믿음

몇 년 전 딸 덕분에(?) 강아지 한 마리를 키우게 되었습니다. 독일산 테리어, 미니 슈나우저schnauzer였는데 이름을 '찰리'Charlie로 지어주었습니다. 이민 온 한 성도가 한국에서 새끼를 가진 어미 개를 데리고 왔는데, 그 개가 낳은 다섯 마리 새끼 중 하나였습니다.

그런데 찰리는 엄마가 한국계여서 그런지, 뭐든 아주 빨리 먹었습니다. 제대로 씹기는 하는지 의심스러울 정도로 순식간에 먹어치웠습니다. 먹는 것이 아니라 거의 청소기로 빨아들이는 수준이었습니다.

찰리의 관심사는 오직 먹는 것뿐이었습니다. 늘 먹기를 탐했습니다. 방금 뭘 먹었어도 또 먹고 싶어 했습니다. 음식 앞에서는 미친 듯이 꼬리를 흔들었고, 어쩌다 실수로 밥을 두 번 줘도 '저는 아까 먹었어요' 하고 사양하는 일은 결코 없었습니다. 무조건 주는 대로 먹었습니다.

찰리는 먹을 것 앞에서 놀라운 집중력을 보였습니다. 주인이 뭘 먹고 있으면 자기도 먹고 싶다며 처량한 눈빛으로 주인을 뚫어지게 쳐다봤습니다. 그 시선은 음식을 든 손을 단 한 번도 놓치지 않았습니다. 찰리는 어디서든 음식을 따라다녔습니다.

또한 먹는 걸 위해서라면 온갖 재롱을 다 부렸습니다.

앞발 내밀기, 두 발로 서기, 뒤로 돌기, 점프, 뒹굴기, 엎드리기….

어떤 명령이라도 순식간에 해냈습니다. 먹기 전에 식사 기도하는 1~2분 정도는 다리를 부들부들 떨면서도 끝까지 기다릴 줄 알았습니다.

찰리는 우리에게 끝까지 충성했습니다. 물론 그 녀석을 다른 집에 맡겨야 했을 때 뒤도 안 돌아보고 쏙 들어가버려 좀 섭섭하긴 했지만, 그래도 언제나 우리를 온몸으로 반가워했습니다. 우리가 가는 곳마다 따라다녔고, 늘 우리 곁에 있는 것을 좋아했습니다. 아무리 화가 나도 짖거나 물 줄을 몰 랐습니다. 그저 꼬리를 흔들며 우리 몸에 기대어 '당신 곁이 내 자리예요.'라고 말하는 듯했습니다.

가끔 이런 생각을 했습니다.
'나에게도 찰리 같은 집중력이 있었으면 좋겠다.'
'예수님과 그분의 말씀에 그렇게 집중할 수 있다면 얼마 나 좋을까.'
말씀을 먹기 위해서라면 찰리처럼 기꺼이 재롱이라도 부 리고, 그 말씀을 온 마음으로 빨아들일 수 있다면, 그것이야 말로 가장 순수한 믿음의 자세가 아닐까 싶었습니다.

그리고 찰리처럼 충성할 수 있다면 좋겠습니다.
언제나 예수님을 기다리고,
온 존재로 예수님을 환영하고,
그분 곁에 있는 것을 가장 기뻐하는 사람.
그런 사람이 되고 싶습니다.
그래야 적어도 이렇게 고백할 수 있지 않겠습니까!
"개보다 못한 인생으로는 살고 싶지 않다."

하루가 개판이 되어도 사랑이다

뽀리가 가르쳐준 것들

코로나19 이후 멀리 떨어져 지내던 자녀들이 집으로 돌아오던 시기였습니다. 우리 집도 예외는 아니었습니다. 미국 동부에 살던 딸이 돌아와 재택근무를 하던 때였습니다. 그런데 3주 전, 우리 집에 식구가 하나 더 늘었습니다. 딸이 새 강아지를 입양해 온 것입니다.

딸은 오래전부터 줄곧 강아지 타령을 해왔습니다. 그럴 때마다 저희 부부는 이렇게 말하곤 했습니다.

"그건 네가 결혼하고 나서 키워라. 우린 다시는 반려동물의 죽음을 겪고 싶지 않아."

그런데 어느 날, 딸이 사촌 동생과 함께 '그냥 구경만 하고 올게요'라며 강아지를 보러 나갔습니다. 절대로 데려오지 않겠다고 약속까지 했습니다. 하지만 몇 시간 뒤, 딸은 7주도 채 안 된 새끼 강아지를 안고 집에 왔습니다. 요크셔테리어와 푸들의 믹스견, 이름하여 요키푸Yorkiepoo였습니다. 몸무게가 고작 2파운드도 안 되는 작고 여린 생명이었습니다.

우리 집에는 이미 한 마리의 반려견이 있었습니다. 딸이 처음으로 품에 안았던 미니어처 슈나우저, 바로 앞서 말한 찰리였습니다. 녀석은 가족 모두에게 잊을 수 없는 존재였습니다. 늘 활기찼고, 사람을 좋아했고, 무엇보다 우리 곁에 있는 걸 가장 행복해했습니다. 제가 밤늦게 집에 돌아와도 제 키만큼이나 펄쩍펄쩍 뛰면서 반갑게 반겨주었습니다.

하지만 그 사랑스러웠던 찰리는 일곱 살 무렵, 갑작스러운 병으로 세상을 떠났습니다. 딸이 대학으로 떠난 뒤였기에 아내가 혼자 그 빈자리를 감당해야 했습니다. 작은 생명이었지만 가족에게 남긴 자리는 결코 작지 않았습니다. 그 후 아내는 오랫동안 큰 슬픔을 겪었고, 우리 부부는 다시는 개를 키우지 않기로 결심했습니다.

새 식구의 이름은 뽀리Bodi입니다. 뽀리는 찰리와는 참

많이 다릅니다. 우선 먹는 걸 그다지 탐하지 않습니다. 찰리는 밥그릇을 깨끗이 비웠지만 뽀리의 밥그릇에는 늘 도그푸드가 조금씩 남아 있습니다. 우리가 뭘 먹어도 찰리처럼 처량한 눈으로 쳐다보지 않습니다. 간식을 주어도 마지못해 받아먹는 눈치입니다.

찰리는 우리가 어디를 가든 따라다녔지만 뽀리는 잠깐 오다가 금세 돌아가 버립니다. 찰리는 짖거나 물지 않았는데, 뽀리는 밤마다 낑낑거리며 딸을 못 자게 하고, 때로는 신발보다 작은 몸으로 사납게 짖기도 합니다. 그래서 요즘 우리 집은 매일 낑낑대는 소리에 잠에서 깨고, 배변을 치우며 하루를 시작합니다. 말 그대로 집이 '개판'이 됐습니다.

딸은 그 혼란스러운 와중에도 뽀리를 정성껏 돌보며 하루하루 배워 나갔지요. 강아지 양육법을 찾아보고, 도그푸드와 장난감, 푹신한 방석, 물그릇, 샴푸, 배변패드, 심지어 크레이트(작은 우리)와 펜스까지 하나하나 챙겼습니다. '분리 불안', '식사 습관', '체온 유지' 같은 부분도 꼼꼼히 살피며 작은 생명 하나에 사랑을 쏟았습니다.

그 모습을 보면서 '돌봄'이라는 단어의 깊이를 새삼 느낍니다. 작은 강아지 한 마리를 보살피는 데도 이토록 세심한 관심과 사랑이 필요한데, 하나님께서 그분의 형상으로 지으신 한 영혼을 얼마나 더 세밀하게 살피실까 하는 생각이 듭니다. "한 아이를 키우려면 온 마을이 필요하다"는 아프리카 속담처럼 믿음의 공동체인 우리 모두가 하나님이 맡기신 한 영혼을 하나님의 눈으로 바라보고, 하나님의 손으로 돌보는 일에 더 민감해야 하지 않을까요. 그 생각이 제 마음속에 오래 남습니다.

저는 새 식구 뽀리가 언젠가 찰리처럼 사랑스러운 재롱을 부리고, 주인의 말을 잘 따르며, 가족 모두에게 기쁨을 주는 반려견이 되길 기대합니다. "개는 인간의 가장 좋은 친구"라는 말처럼 우리 가족의 좋은 친구가 되어주길 바랍니다.

그리고 저 역시 그렇게 살고 싶습니다. 찰리와 뽀리처럼 예수님의 말씀에 귀 기울이고, 그분께 순종하며, 예수님의 기쁨이 되고 그분의 좋은 친구가 되는 인생으로 살고 싶습니다.

하나님,
솔직히 이건 예상 못 했습니다
시집살이보다 힘든 개살이

얼마 전, LA에서 재택근무를 하던 딸이 다시 동부로 돌아갔습니다. 원래는 연말까지 함께 지낼 줄 알고, 동부 집의 짐과 가구는 모두 창고에 넣고, 자동차까지 LA로 부쳤습니다. 그런데 회사 방침이 바뀌고 새 프로젝트를 맡으면서 예상보다 훨씬 일찍 떠나야 했습니다.

흔히 "집 나가면 개고생"이라고 하지요. 그런데 저희 집은 이상하게도, 딸이 집을 나갔는데 부모가 개고생을 하고 있습니다. 딸이 떠나며 "제가 돌아올 때까지 뽀리를 잘 돌봐주세요"라는 '어명'을 남겼기 때문입니다. 그래서 저희 부부는 "맡은 자들에게 구할 것은 충성이니라"(고전 4:2)는 말씀처럼 딸의 철부지 강아지를 정성껏 돌보는 중입니다.

하지만 계획에도 없던 강아지를 돌보는 일보다 더 어려운 것은, 딸이 정해둔 방식대로 돌봐야 한다는 것입니다. 예전에 찰리를 키울 때는 아내가 마음껏 털을 깎아주고 발톱을 정리하며 간식도 넉넉히 주었습니다. 잘못하면 야단도 치고, 훈련도 자유롭게 했지요.

그런데 이번에는 모든 게 딸의 지시 아래 진행됩니다. 딸이 정한 일정에 맞춰 애견병원에 데려가야 하고, 예약된 미용실에서만 그루밍을 해야 합니다. 사료와 간식도 딸이 보내주는 것만 먹여야 했습니다. 훈련 방식도, 식사 시간도, 심지어 사진을 찍어 딸에게 보내는 일상 보고까지 빠질 수 없습니다. 정말이지 시집살이(?)가 따로 없습니다.

이게 끝이 아닙니다. 뽀리는 아직 배변 훈련이 완벽하지 않아 집안 곳곳에 사고를 칩니다. 순식간에 화장실 휴지를 갈기갈기 찢어놓고, 양말과 옷에 구멍을 내고, 시도 때도 없이 짖습니다. 밤에는 짖는 소리에 잠이 깨고, 반갑다고 달려들면 저절로 "으악!" 소리가 납니다. 가끔은 손을 살짝 물어 피가 나기도 합니다. 사랑스럽지만 정말 '개~고생'이 따로 없습니다.

그런데도 제일 힘든 건 강아지를 혼자 두고 외출하는 일입니다. 딸과 늘 붙어 지내던 뽀리는 혼자 있는 것을 견디지 못합니다. 아내는 외출 전마다 미리 밖에서 대소변을 보게 하고, 집 안 문을 닫고, 펜스를 치고, 사료가 나오는 장난감을 준비하고, 스트레스를 덜어주는 음악과 영상을 틀어둡니다. 그래도 가족의 모습이 보이지 않으면 낑낑대며 울고, 사료에도 손을 대지 않습니다. 주인이 돌아와야 비로소 안심하고 밥을 먹습니다. 그 모습이 안쓰러워 딸에게 영상을 보내면 딸은 더욱 마음 아파합니다.

　　생각해보면 팬데믹이 가져온 변화 속에서 저희 부부도, 강아지도, 각자의 자리에서 '개~고생'을 하고 있는 셈입니다. 딸은 새로운 환경에 적응하느라, 뽀리는 주인과 떨어져 지내느라, 그리고 우리는 낯선 돌봄의 책임을 감당하느라 고생 중입니다.

　　여러분은 어떠십니까? 인생은 언제나 뜻하지 않은 '개~고생'의 연속 같습니다. 상황은 바뀌어도 예상치 못한 일 앞에서 우리는 여전히 서툽니다. 그러나 그 고생 속에서 우리는 조금씩 단단해지고 하나님은 우리가 감당할 수 있는 그만큼의 삶을 가르치십니다. 결국 신앙이란 피하고 싶은 일 손에서도 하나님의 뜻을 배우는 연습이 아닐까 생각합니다.

달리기보다 충성

개들로 보는 신앙 수업

반려견을 키우고 계신가요? 우리 집에도 성격이 뚜렷한 반려견이 있습니다. 함께 지내다 보니 개들도 저마다 독특한 성격과 기질을 지녔다는 사실을 알게 됩니다. 이제 네 마리 개의 모습을 통해 내 안의 신앙을 한번 들여다보려 합니다.

첫째, 그레이하운드Greyhound.

그레이하운드는 길고 날렵한 몸을 지닌 사냥개로, 눈앞의 사냥감을 향해 놀라운 속도로 달립니다. 그 빠른 질주 덕분에 미국의 한 대형 버스 회사가 '그레이하운드'라는 이름을 사용했지요. 하지만 이 개는 사냥감이 시야에서 사라지면 곧 멈춰버린다는 특성이 있습니다.

그레이하운드 신앙은 '보이는 것'에만 반응하는 신앙입니다. 형통할 때는 힘차게 달리지만, 눈앞에 목표가 사라지면 쉽게 낙심합니다. 상황에 따라 감정이 흔들리고, 계산과 조건에 따라 움직이며 결과에만 반응하는 신앙입니다.

둘째, 하운드Hound.

하운드는 속도는 느리지만, 예민한 후각으로 냄새를 끝까지 추적합니다. 보이지 않아도 사냥감을 찾기 위해 골짜기를 넘고 도랑을 뒤집니다. 쉽게 포기하지 않습니다.

하운드 신앙은 '보이지 않아도 믿고 따르는 신앙'입니다. 환경이 척박해도 말씀을 붙잡고 인내하며 걸어갑니다. "믿음은 바라는 것들의 실상이요 보이지 않는 것들의 증거"(히 11:1)라고 붙들고 나아갑니다. 증거보다 신뢰를, 속도보다 꾸준함을 택하는 믿음입니다.

셋째, 저먼 셰퍼드German Shepherd.

지능과 순발력이 뛰어나 적응력이 좋은 개입니다. 주인이 바뀌어도 금세 새로운 환경에 맞춰 충성을 다합니다. 이런 이유로 경찰견이나 구조견으로 적합합니다.

셰퍼드 신앙은 '적응하는 신앙'입니다. 세상의 변화 속에서 유연하게 적응하는 일은 분명 필요합니다. 하지만 그 기준이 하나님께 있지 않다면 그건 적응이 아니라 타협이 됩니다.

신앙의 유연함이 믿음의 본질을 바꾸어선 안 됩니다.

넷째, 진돗개Jindo.

진돗개는 평생 한 주인만 섬기는 충성심으로 유명합니다. 그 충성은 대단하지만 다른 사람에게는 쉽게 마음을 열지 않아 경찰견으로는 적합하지 않습니다.

진돗개 신앙은 '오직 주님만 섬기는 신앙'입니다. 세상이 변하고 사람의 관계가 달라져도 오직 예수 그리스도만을 주인으로 모시는 믿음입니다. 타협하지 않고, 흔들리지 않고, 마음이 나뉘지 않는 단단한 믿음입니다. 진돗개가 한 주인에게 끝까지 충성하듯 그런 신앙이야말로 하나님이 기뻐하시는 변함없는 믿음입니다.

우리는 이 네 가지 모습 중 어디에 가까울까요? 신앙에는 빠른 속도도, 유연한 적응도 필요하지만 그보다 중요한 것은 충성, 인내, 믿음, 분별력입니다. 보이는 것에만 달려드는 그레이하운드 신앙을 벗어나, 보이지 않아도 주님을 끝까지 따르는 하운드 신앙으로 나아갑시다.

세상 변화 속에서도 하나님을 기준으로 삼는 셰퍼드 신앙을 지키고, 오직 주님 한 분께 마음을 온전히 드리는 진돗개 신앙으로 살아갑시다. 그럴 때 우리의 신앙은 상황이 아니라 진리 위에 굳게 서게 됩니다.

"주님, 제 안에 이런 신앙을 허락해주세요.
눈에 보이지 않아도, 때로는 흔들려도,
말씀에 순종하며 끝까지 주님을 따르게 하소서."

'손흥민'을 아십니까?

조건 없는 충성

'손흥민'이라 하면 25년 8월부터 로스앤젤레스 FC에서 활약 중인 한국의 축구 선수를 떠올리시겠지요. 하지만 오늘 이야기의 주인공은 사람이 아닌 진돗개입니다. 축구를 좋아하는 한 견주가 반려견 이름을 손흥민 선수에서 따 '손흥민'이라 지었습니다.

얼마 전 이 진돗개 '손흥민'이 뉴스의 주인공이 되었습니다. 생후 11개월밖에 안 된 이 강아지가 집에서 20킬로미터 떨어진 곳에서 실종됐다가 무려 41일 만에 무사히 주인 품으로 돌아온 것입니다. 견주는 "꿈만 같다"며 기뻐했고 이 이야기는 진돗개의 충성심과 탁월한 귀가 본능을 다시 한번 보

라떼 한 잔의 은혜

여주었습니다.

동서양을 막론하고 개의 충성심을 기리는 이야기는 많습니다. 뉴욕 센트럴파크에는 썰매견 발토Balto의 동상이 있습니다. 디프테리아가 퍼지던 마을로 항독소를 싣고 달려가 수많은 생명을 구한 영웅견이지요. 또한 이탈리아 보르고 산 로렌초에는 피도Fido의 동상이 있습니다. 피도는 주인이 세상을 떠난 뒤에도 14년 동안 매일 버스정류장에서 그를 기다렸습니다. 그 동상에는 "피도, 충성의 본보기"라는 문구가 새겨져 있습니다.

저희 딸의 반려견 뽀리Bodi도 나름 충성심이 있습니다. 다만 한 가지 조건이 있습니다. 뽀리는 먹을 것이 있을 때만 충성합니다. 간식이 보이지 않으면 주인의 말에 시큰둥하고, 간식이 나타나면 그제야 꼬리를 흔들며 순종합니다.

그 이야기를 곱씹으며 저 자신을 돌아봅니다. 나는 과연 주인 되신 주님께 진정 충성하는가? 조건이 맞을 때만 순종하는 '뽀리 신앙'에 머물러 있지는 않은가? 믿는다고 하지만 실상은 보상을 전제로 한 순종이 아니었는가 생각이 들자 문득 마음 한구석이 부끄럽고 숙연해졌습니다.

하나님은 우리 각자에게 사명을 맡기셨습니다. 그 사명

이 크든 작든, 세상에서 주목받든 그렇지 않든 중요한 것은 아닙니다. 중요한 것은 맡은 자로서 끝까지 충성하는 일입니다. "맡은 자들에게 구할 것은 충성"(고전 4:2)이라는 말씀처럼, 신앙의 진정한 무게는 성과가 아니라 지속적인 충성에서 드러납니다.

세상은 우리의 충성을 알아주지 않을 수도 있습니다. 기념비도, 박수도 없을지 모릅니다. 그러나 "많은 사람을 옳은 데로 돌아오게 한 자는 별과 같이 영원토록 빛나리라"(단 12:3)는 말씀은 변함이 없습니다. 주님은 우리가 남몰래 드린 헌신의 땀방울까지 기억하십니다. 그분의 나라에는 '잊힌 충성'이란 없습니다.

언젠가 우리의 주인 되신 예수님께서 우리를 바라보시며 이렇게 말씀하시길 바랍니다.
"잘했다, 착하고 충성된 종아."

"손흥민, 발토, 피도"처럼, 우리도 주님께 충성을 다하는 종의 본보기가 되고 싶지 않습니까?

라떼 한 잔의 은혜

2

스포츠와
영성

경기장에서 배우는 인생의 룰

공은 둥글고, 믿음은 곧다
운동장에서 배우는 인생 레슨

저는 스포츠를 좋아합니다. 직접 뛰는 것도, 경기를 보는 것도 즐깁니다. 하지만 단순히 승패를 즐기기 위해서만은 아닙니다. 운동장과 코트, 필드 위에는 늘 삶의 원리와 신앙의 질서가 숨겨져 있기 때문입니다. 스포츠는 단순한 오락이 아니라 하나님께서 우리에게 주신 또 하나의 '훈련장'입니다.

"공은 둥글고, 경기는 90분 동안 계속된다."
축구에는 이런 말이 있습니다. 1954년 서독 대표팀을 이끈 제프 헤르베르거 감독의 명언이지요. 공이 둥글다는 건 인생처럼 어디로 튈지 모른다는 뜻입니다. 경기의 흐름은 언제든 바뀌고, 인생의 판도도 언제든 뒤집힐 수 있습니다. 그래서 우리는 결과를 서둘러 단정하지 말아야 합니다.

하나님의 시간은 늘 남아 있고, 그분은 종종 "추가 시간의 기적"을 준비하십니다. 공은 둥글어도 믿음은 곧습니다. 하나님은 끝까지 믿음으로 달리는 사람에게 승리를 주십니다.

"농구는 신장으로 하는 게 아니라 심장으로 하는 것이다."

이 말은 미 프로농구NBA의 전설 앨런 아이버슨이 은퇴하며 남긴 명언입니다. 183센티미터의 작은 키로 네 차례 득점왕에 오른 그는 조건이 아닌 열정과 진심으로 한계를 넘어섰습니다. 그의 경기를 볼 때마다 깨닫습니다. "크고 작음이 인생을 결정하지 않는다. 진짜 크기는 마음의 크기다."

하나님께서 사용하시는 사람도 마찬가지입니다. 외적인 조건보다 하나님을 향한 마음, 복음에 대한 열정이 더 중요하다는 사실을 배웠습니다.

"끝날 때까지 끝난 게 아니다."

미 프로야구MLB 뉴욕 양키스의 전설 요기 베라의 말입니다. 지금은 지는 것처럼 보여도 경기가 끝나기 전까지는 아무도 결과를 모른다는 뜻입니다. 그는 가난한 이민 가정 출신으로, 중학교도 마치지 못했지만 끊임없이 도전하여 마침내 명예의 전당에 이름을 올렸습니다.

그의 인생이 증언합니다. "지금은 지는 것 같아도, 하나님은 마지막 이닝에 반전을 준비하신다."

믿음의 경주도 그와 같습니다. 눈에 보이는 점수판이 아니라 보이지 않는 하나님의 시간표를 바라볼 때 우리는 끝까지 버틸 힘을 얻게 됩니다.

테니스에는 이런 말이 있습니다.

"서브를 잘 못하는 사람은 결국 경기에서 진다."

여기서 '서브serve'는 공을 넣는 기술이 아니라 예수님께서 보여주신 섬김의 마음을 가리킵니다. 예수님께서 보여주신 리더십도 바로 그것이었습니다. 섬김은 약함이 아니라 하나님의 방식으로 이기는 길입니다. 인생의 진짜 승자는 남을 짓밟는 사람이 아니라 남을 세워주는 사람입니다.

미식축구에는 "승자는 절대 포기하지 않는다"라는 명언이 있습니다.

미 내셔널풋볼리그NFL의 명장 빈스 롬바디 Vince Lombardi의 말입니다. 이 말을 들을 때마다 시편의 한 구절이 떠오릅니다. "눈물을 흘리며 씨를 뿌리는 자는 기쁨으로 거두리로다"(시 126:5). 승리의 비결은 포기하지 않는 인내에 있습니다. 믿음의 경주에서 진짜 승자는 넘어지지 않는 사람이 아니라 넘어져도 다시 일어서는 사람입니다. 포기하지 않는 자에게 하나님은 반드시 열매를 주십니다.

"나는 퍽이 있는 곳이 아니라 퍽이 있을 곳으로 간다."

아이스하키 전설의 선수 웨인 그레츠키Wayne Gretzky의 말입니다. 퍽을 따라가는 선수가 되지 말고 다른 선수들보다 2초 앞서 행동하는 선수가 되라는 뜻입니다. 이 말은 단순한 전략을 넘어 통찰을 말합니다. 이 명언을 통해 저는 "눈에 보이는 것을 쫓아다니다가 인생을 낭비하지 말고 하나님의 마음과 시선이 머무는 곳에 먼저 마음과 시선을 집중하고, 먼저 행동하는 인생이 되자"는 교훈을 받았습니다.

"승리는 체력보다 정신력과 인격에 달려 있다."

미 프로골프PGA의 전설 아놀드 파머Arnold Palmer의 명언입니다. "골프는 80퍼센트가 자신감이고, 20퍼센트가 실력이다"는 말도 있습니다. 아무리 실력이 뛰어나도 골프공 앞에서는 늘 겸손해야 한다는 뜻이지요. 신앙의 첫째도 겸손, 둘째도 겸손, 셋째도 겸손입니다.

이처럼 제가 운동을 좋아하는 이유는 단순히 경기의 재미 때문만은 아닙니다. 그 안에는 삶의 원리와 신앙의 질서가 숨어 있기 때문입니다. 스포츠는 인생의 축소판입니다. 승패의 순간마다 인간의 한계를 마주하고, 그 속에서 겸손을 배웁니다. 또한 기다림을 배우고 쓰러진 자리에서 다시 일어서는 법을 배웁니다. 운동장은 단순한 경쟁의 공간이 아니라 하나님께서 우리 인생의 근육을 단련시키시는 훈련장이기도 합니다. 그래서 저는 운동을 할 때마다 한 가지를 깨닫습니다. 믿음의 삶도 결국 끝까지 포기하지 않고 다시 일어서는 경기라는 사실입니다.

그래서 저는 오늘도 이렇게 믿습니다.
"공은 둥글어도, 믿음은 곧다. 경기가 끝날 때까지 하나님은 일하고 계신다."

아웃처럼 보여도 기록은 남는다

팀 전체를 살리는 희생 플레이

야구는 참 묘한 스포츠입니다. 축구나 농구처럼 공을 골대에 넣어 직접 점수를 내는 게임이 아닙니다. 타자가 공을 쳐서 자신과 동료가 홈으로 들어오게 하는 경기, 즉 혼자가 아닌 함께 이기는 경기입니다. 그래서 야구에는 다른 종목에는 없는 단어가 있습니다. 바로 '희생'sacrifice 입니다.

야구에는 희생 번트sacrifice bunt와 희생 플라이sacrifice fly 가 있습니다. 희생 번트, 이른바 '보내기 번트'는 타자가 자신이 아웃되더라도 이미 나가 있는 주자를 다음 루로 진루시키기 위해 공을 살짝 맞혀 보내는 플레이입니다. 희생 플라이는 주로 2루나 3루 주자가 홈으로 들어올 수 있도록, 타자가

뜬공을 쳐 자신의 아웃을 감수하는 것을 말합니다. 두 플레이 모두 타자의 기록에는 손해처럼 보이지만 결국 팀의 득점과 승리를 위한 자발적 희생의 기술입니다. 자신은 물러나지만 팀은 한 걸음 전진합니다.

이 희생은 타자의 감정이나 자존심과는 무관합니다. 감독의 사인에 따라 팀의 승리를 위해 묵묵히 방망이를 내밀 뿐입니다. 만약 그가 "왜 나만 희생하죠?"라고 불평한다면 그는 야구가 '개인의 경기'가 아닌 '공동체의 경기'임을 잊은 것입니다.

흥미롭게도, 성공한 희생타는 타율에는 손해가 되지 않습니다. 오히려 공식 기록으로 남습니다. 희생은 손실이 아니라 팀을 세우는 기여로 기억됩니다.

스포츠 세계에서 '희생'이라는 단어가 등장하는 곳은 야구뿐이지만 신앙의 세계에서는 희생이 중심이자 본질입니다. 예수님은 인류의 구원을 위해 십자가라는 완전한 희생타를 치셨습니다. 그리고 초대교회 성도들은 그 뒤를 따라 복음을 세상에 전하기 위해 자신들의 삶을 내어놓았습니다. 그들의 헌신은 세상 기준으로는 '아웃'처럼 보였지만 하나님은 그 모든 희생을 기록하셨습니다. 눈에 보이는 성공은 아니어도 그들의 헌신을 통해 수많은 이들이 '홈 베이스' 즉 하나님 품 안으로 돌아왔기 때문입니다.

우리 역시 삶의 어떤 순간에는 '희생의 타석'에 서게 됩니다. 누군가의 회복을 위해, 가정과 공동체를 위해 혹은 복음의 일을 위해 자신의 자리를 양보하고, 시간과 마음을 내어놓아야 할 때가 있습니다. 그 순간 우리는 묻습니다. "내가 꼭 해야 하나요? 왜 나만 손해를 봐야 하죠?"

그러나 신앙의 경기에서는 승리보다 순종이, 기록보다 헌신이 먼저입니다. 야구에서처럼, 신앙 여정에도 누군가는 '결정적인 한 번의 희생'을 통해 팀 전체—즉 교회와 공동체, 세상—를 살립니다. 그 한 번의 방망이, 한 번의 순종, 한 번의 내려놓음이 누군가의 영혼을 살리고 하나님 나라를 한 걸음 더 나아가게 합니다.

이제는 우리 그리스도인들이 희생타를 칠 차례입니다. 예수 그리스도의 복음을 세상에 전하고, 하나님 나라를 세워가려면 누군가의 자리를 내어주는 희생의 스윙이 반드시 필요합니다. 그리고 그 희생은 결코 잊히지 않습니다. 야구가 희생타를 기록으로 남기듯 하나님께서도 자신의 나라를 위해 묵묵히 헌신한 이들을 하나도 빠짐없이 기억하십니다. 그분의 장부에는 우리의 수고와 눈물, 작은 순종까지도 모두 기록되어 있습니다. 보이지 않는 자리에서 드린 희생은 헛되지 않습니다. 그 희생을 통해 누군가는 살아나고 그 한 번의 스윙으로 하나님 나라는 한 걸음 더 나아갑니다.

오늘 당신은 어떤 타석에 서 있습니까? 팀 승리를 위해 희생 번트나 희생플라이를 마다하지 않는 타자들을 응원하시지 않겠습니까? 그들은 눈부신 스포트라이트보다, 공동의 승리를 위해 자신을 내어놓는 법을 압니다. 당신은 지금, 그런 스윙을 할 준비가 되어 있습니까? 하나님의 뜻이 이끄는 방향이라면 비록 자신이 아웃되는 한이 있더라도 그분의 팀을 위해 방망이를 휘두를 수 있습니까? 진정한 신앙의 타자는 기록이 아니라 헌신으로 경기를 완성합니다.

레전드와 신앙의 품격
스포츠 전설들이 남긴 진짜 유산

제가 존경하는 스포츠 레전드 두 사람이 있습니다. 한 명은 '미국 대학 농구의 아버지'라 불리는 존 우든John Wooden이고, 다른 한 명은 '댈러스 카우보이'를 명문 구단으로 이끈 톰 랜드리Tom Landry입니다. 우든 감독은 UCLA 농구팀을 12년 간 이끌며 10차례의 NCAA 우승, 그중 7년 연속 우승, 88연 승이라는 전설적인 기록을 세웠습니다. 랜드리 감독은 29년 동안 댈러스 카우보이를 지휘하며 다섯 번의 슈퍼볼 진출과 두 번의 우승, 통산 270승이라는 위업을 남겼습니다.

하지만 제가 이 두 사람을 진정으로 존경하는 이유는 그들의 믿음 때문입니다. 우든 감독은 인생의 압박과 실패 앞에서도 늘 십자가를 붙들며 하나님께 감사하는 삶을 살았습니다. 랜드리 감독은 "내 인생의 우선순위는 하나님, 가족 그리고 축구입니다. 그 순서를 지킨 것이 행복의 비결입니다"라고 말했습니다. 그는 단순히 승리하는 지도자가 아니라 신앙과 인격으로 팀을 이끈 사람이었습니다.

두 감독에게는 또 하나의 공통점이 있습니다. 바로 하나님 앞에서의 겸손함입니다. 우든 감독은 이렇게 말했습니다. "죽음을 준비하며 사랑하고, 겸손히 살아가는 것이 제 인생의 철학입니다. 하나님께서 주신 평화와 사랑이 삶에 깊은 영향을 주었습니다." 그의 말처럼 우든 감독의 삶에는 늘 경건한 평안과 겸손이 배어 있었습니다.

랜드리 감독 역시 겸손의 사람입니다. 제가 달라스 신학교에 다닐 때 그는 채플 시간에 와서 이렇게 간증했습니다. "저는 제2차 세계대전 때 B-17 폭격기 조종사였습니다. 여러 번 죽을 고비를 넘겼지만 하나님께서 나를 살리신 것은 나를 통해 하실 일이 있으셨기 때문입니다." 그는 이후 평생을 하나님께서 주신 생명을 헛되이 쓰지 않기 위해 살았다고 고백했습니다. 경기의 승리나 명예보다 하나님의 뜻을 우선했고, 시련의 때에는 초심으로 돌아가 믿음으로 이겨냈으며, 승리의 순간에도 교만하지 않았습니다. 그의 인생은 단지 위대한 감독이라는 성취를 넘어 겸손으로 완성된 신앙의 모범이었습니다.

누구나 "레전드가 되겠다"고 마음먹을 수는 있습니다. 그러나 진짜 레전드는 결심만으로 되는 것이 아닙니다. 레전드는 한순간의 성취가 아니라 오랜 세월에 걸쳐 쌓인 성실함·탁월함·신뢰·존경의 총합입니다. 그 이름은 스스로 붙이는 것이 아니라 시간이 증명하고 사람들이 인정한 결과로 주어집니다.

수많은 도전과 실패 속에서도 흔들리지 않고 제 길을 걸어온 사람, 빛나는 순간보다 보이지 않는 시간에 더 진실했던 사람, 그런 이들에게 세월은 '레전드'라는 명예로운 이름을 선물합니다. 레전드는 결국 시간 앞에서 무릎 꿇지 않은 사람에게 주어지는 하나님의 훈장입니다.

신앙의 세계에서 '레전드'는 더욱 드뭅니다. 스펄전, 빌리 그레이엄, 주기철, 손양원 목사님처럼 자신의 삶 전체를 복음과 희생으로 불태운 사람들만이 믿음의 역사 속에 그 이름을 남깁니다.

모든 사람이 '레전드'라 불릴 필요는 없습니다. 그 이름은 오직 소수에게만 주어지는 특별한 영예이기 때문입니다.

그러나 레전드처럼 살아가는 일은 누구에게나 가능합니다. 누군가의 기억에 남지 않더라도 하루하루 성실히 자신의 자리를 지키며, 말보다 삶으로 믿음을 증명하는 것이야말로 하나님이 기뻐하시는 진짜 신앙의 길입니다.

우리 시대와 다음 세대 가운데서도 스포츠, 정치, 비즈니스, 교육, 예술 등 다양한 영역에서 신앙과 실력을 겸비한 새로운 레전드들이 일어나길 소망합니다. 세상의 한복판에서도 하나님을 높이고, 믿음의 품격으로 세상을 감동시키는 사람들이 나오길 바랍니다.

진정한 레전드는 이름이 남는 사람이 아니라 삶으로 하나님을 드러내는 사람입니다. 우리 모두가 그런 신앙의 길을 걸어가기를 그리고 다음 세대가 그 길을 이어가기를 진심으로 기도합니다.

라떼 한 잔의 은혜

뜻대로 되지 않는 공,
뜻밖에 오는 은혜

골프가 가르쳐준 인생의 룰

"세상에는 돈으로 해결할 수 없는 두 가지가 있다. 하나는 자식, 또 하나는 골프다."

아마 많은 골퍼가 고개를 끄덕이며 "맞아, 그 말이 정답이야"라고 할 것입니다.

사람들이 골프를 시작하는 이유는 다양합니다. 건강을 위해, 비즈니스 네트워크를 넓히기 위해 혹은 단순히 멋져 보이고 싶어 시작합니다. 남녀노소 누구나 즐길 수 있을 것 같지만 막상 필드에 서면 현실은 다릅니다. 비싼 드라이버를 들고 나가도 공은 예고 없이 엉뚱한 방향으로 날아가고 완벽한 스윙을 준비했는데 결과는 '완벽한 망신'이 되기도 합니다.

그런데도 우리는 골프를 멈출 수 없습니다. 그 매력은 단순히 점수 내기에 있지 않습니다. 하루의 무게를 잠시 내려놓고, 필드를 걸으며 친구들과 웃고 이야기 나누는 그 시간이 주는 해방감 때문입니다. 물론 공이 뜻대로 맞지 않으면 스트레스가 두 배로 돌아오기도 하지만요.

골프를 치다 보면 어느 순간 깨닫게 됩니다. 골프는 단순히 좋은 기록을 내는 운동이 아니라 사람을 배우는 운동이라는 것을 말입니다. 작은 실수에 분노하는 사람, 실수를 웃어넘기는 사람, 묵묵히 걸어가며 다음 샷을 준비하는 사람…. 그 짧은 라운드 안에 성격이, 인생이, 신앙이 고스란히 드러납니다.

골프는 단순히 공을 치는 운동이 아닙니다. 그 과정에서 우리는 끊임없이 '나'를 마주합니다. "골프는 스윙으로 치는 게 아니라 성격으로 친다"라는 말, 정말 공감되지 않나요? 스윙 하나에 기분이 오르내리고, 기분 하나에 스윙이 달라집니다. 그러다 어느 순간 깨닫습니다. "문제는 스윙이 아니라 결국 내 성격이었구나."

전설의 골퍼 잭 니클라우스는 이렇게 말했습니다.
"골프는 기술이 20퍼센트, 정신력이 80퍼센트다."

라떼 한 잔의 은혜

스윙은 근육이 하지만, 스코어는 멘탈이 만든다는 뜻입니다.

필드 위에서는 직함도, 명함도, 스펙도 통하지 않습니다. 오직 그 사람의 성품과 인내만이 스코어 카드에 남습니다. 결국 우리는 남과 싸우는 것이 아니라 어제보다 조금 더 성숙한 내가 되고자 싸우는 것입니다.

골프의 또 다른 매력은 그만의 '룰'에 있습니다. 골프에는 심판이 없습니다. 나 자신이 심판이고, 나의 정직이 곧 이 운동의 규칙입니다. 그리고 아마추어에게만 주어지는 은혜, '멀리건'Mulligan이 있습니다. 첫 티샷이 빗나가도 벌타 없이 다시 칠 수 있는 두 번째 기회를 말하는 것이지요. 실수한 골퍼가 공을 다시 티tee 위에 올려놓고 새로운 샷을 준비할 수 있도록 허락하는 제도입니다.

"우리 인생에도 멀리건이 있으면 얼마나 좋을까?" 가끔 이런 생각이 듭니다. 잘못된 선택, 엇나간 관계, 서툴렀던 말들…. 이런 상황을 만났을 때 벌타 없이 다시 시작할 수 있다면 얼마나 좋을까요. 그래서 골프는 어렵고 그래서 더 매력적입니다. 실패와 재도전, 기다림과 겸손 그리고 뜻밖의 은혜와 희망…. 이 모든 것이 인생과 닮아 있습니다.

골프를 통해 배웁니다.

한 번의 실수로 인생이 끝나지 않는다는 것,

가장 중요한 순간은 언제나 그다음에 온다는 것,

그리고 인생에서 진짜 스코어를 결정짓는 것은 결국 서로를 믿고 신뢰하는 마음이라는 사실을 말입니다.

한 목회자는 골프에 푹 빠져, 심지어 주일 이른 새벽에도 필드에 나가 9홀, 때로는 18홀을 돌곤 했습니다. 주일 예배가 오후라 마음 편히 필드에 나설 수 있었지만, 그날 그는 뜻밖의 순간을 맞이했습니다. 바로 생애 첫 홀인원을 기록한 것입니다. 기뻤지만 곧바로 후회했습니다. '주일에 홀인원을 하다니, 이건 축복일까 벌일까?' 결국 그는 아무에게도 말하지 못했습니다. 친구는 웃으며 이렇게 말했습니다. "그건 하나님이 주신 상이 아니라 벌일지도 몰라."

혹시 이 글을 읽는 분 중에도 주일에 홀인원을 하신 분이 있나요? 그렇다면 진심으로 축하드립니다. 다만 그 소식은 하나님께만 살짝 보고하시길 바랍니다. 비록 골프 실력은 여전히 초보지만 저는 인생이라는 필드 위에서 매일 스윙 연습을 이어가고 있습니다. 공을 치는 힘보다 더 중요한 것은 마음을 다듬는 리듬, 그 리듬 속에서 배워가는 하나님의 타이밍입니다.

3
/

푸드와
영성

먹는 일상 속에 깃든 은혜

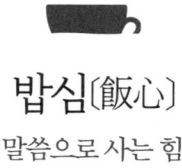

밥심〔飯心〕
말씀으로 사는 힘

"한국 사람은 밥심으로 산다."

누구나 한 번쯤 들어본 말입니다.

한국인에게 밥은 단순한 음식이 아니라 생명을 유지하는 원천입니다. 요즘은 고기와 빵, 샐러드가 식탁의 주인공이 되었지만 그래도 밥 한 그릇 먹어야 힘이 납니다. 혈당, 다이어트, 탄수화물 과잉 같은 이유로 밥을 줄이려 애써도 이상하게 밥을 완전히 끊을 수는 없습니다.

한국 사람은 매일 밥을 먹습니다. 속이 더부룩하면 쌀로 죽을 쑤어 먹고, 산모는 미역국에 밥을 말아 먹습니다. 소풍에는 김'밥'을 싸고, 라면 국물에도 밥을 말아야 마무리가 됩니다. 식당에서도 마지막 코스는 언제나 "볶음밥"이죠.

결국 한국인의 하루는 밥으로 시작해 밥으로 끝납니다. 그래서 한국의 말과 문화에는 '밥'이 깊숙이 스며 있습니다. 속담을 보십시오.
"급히 먹는 밥이 목이 멘다."
"그 나물에 그 밥."
"한술 밥에 배부르랴."
밥 한 그릇에서 지혜를 배우고, 밥 한 숟가락에서 인내를 배웁니다.

감정을 표현할 때도 밥이 등장합니다.
"진짜 밥맛 없다."
"같이 밥 먹기도 싫어."
"다 된 밥에 재 뿌린다."
"밥 먹을 땐 개도 안 때린다."

또한 관계를 맺을 때도 밥이 기준이 됩니다.
"밥은 먹고 다녀?"
"우린 한솥밥 먹는 사이잖아."
"언제 밥 한번 먹자."

"밥 먹고 가라."

부모와 자식의 대화에도 밥이 빠지지 않습니다.

"그게 밥 먹여주냐?"

"저래서 밥 먹고는 살겠냐?"

"밥값은 해야지."

이처럼 한국 사회는 밥으로 말하고, 밥으로 관계를 맺습니다. 밥은 생명이며, 일상이며, 사랑의 언어입니다.

그렇다면 크리스천은 무엇으로 사는가요? 성경은 말합니다. "사람이 떡(밥)으로만 살 것이 아니요 하나님의 입으로부터 나오는 모든 말씀으로 살 것이라"(마 4:4). 그렇습니다. 우리에게 '밥'이 육체의 힘이라면, 하나님의 말씀은 영혼의 밥심입니다. 그리스도인에게는 하나님의 말씀이 곧 영적 생명을 유지하는 원천이고, 매일 먹어야 할 영적인 '밥'입니다. 우리는 이 영적인 밥인 하나님 말씀을 매일 먹고 힘을 얻습니다. 말씀을 먹지 않으면 영혼은 서서히 굶주립니다.

하나님의 말씀은 신비한 음식입니다. 아무리 많이 먹어도 부작용이 없고 탈이 나지 않습니다. 오히려 먹을수록 강건해지고 지쳐 있던 영혼이 다시 살아납니다. 말씀은 우리 안에 참된 만족과 기쁨, 평안과 소망을 채워줍니다. 걱정은 물러가

고, 감사가 차오릅니다. 영적 배부름이 가득해집니다. 이것이
영혼의 진짜 포만감입니다.

한국인들이 서로 안부를 물을 때 "밥 먹었니?"라고 묻듯,
우리도 서로 이렇게 인사하면 어떨까요?
"오늘 말씀 드셨나요?"
"바빠도 말씀 한 구절은 꼭 챙겨 드세요."
"우리 조만간 만나서 말씀 한 끼 같이 나눠요."
하나님의 말씀은 우리 인생의 주식(主食)입니다. 그 말씀
이 우리 삶의 영양분이 되어 하루를 이기게 합니다. 그래서
오늘도 이렇게 고백합니다.

"그가 사모하는 영혼에게 만족을 주시며 주린 영혼에게 좋
은 것으로 채워주심이로다"(시 107:9).

하나님 나라의 깍두기

가장 작은 자를 한 팀으로 부르시는 은혜

요즘 K-푸드 열풍으로 발효 식품인 김치와 깍두기가 전 세계의 사랑을 받고 있습니다. 김치는 물론이고, 깍두기도 한국인의 밥상에서 빠질 수 없는 메뉴입니다. 아삭한 무의 식감, 매콤한 양념, 오래 익을수록 깊어지는 감칠맛은 어떤 음식과도 찰떡같이 어울립니다. 특히 설렁탕에는 깍두기가 '영혼의 단짝'입니다. 설렁탕집 깍두기는 유난히 맛있고, 어릴 적 어머니가 만들어주신 깍두기 볶음밥은 지금도 잊을 수 없는 별미입니다.

하지만 엄밀히 따지면 깍두기는 '배추김치'가 아닙니다. 깍두기 볶음밥은 '배추김치가 떨어졌을 때'의 대체 메뉴였습

라떼 한 잔의 은혜

니다. 그리고 그 볶음밥이 맛있었던 이유는 위에 얹힌 계란 프라이 덕분이었죠. 즉 깍두기는 언제나 보조 메뉴, 주인공이 아닌 보조 메뉴로 식탁에 올려졌습니다.

어린 시절, 놀이터에서도 이런 "깍두기"가 있었습니다. 축구할 때 운동을 잘하는 두 아이가 주장을 맡고, 나머지 아이들을 차례로 뽑아 팀을 나눕니다. 마지막까지 남아 '덤'으로 뽑히는 아이, 그 아이가 바로 "깍두기"였습니다.

여러분은 그런 깍두기의 심정을 아시나요? 누군가 자신을 뽑아주기를 끝까지 기다리는 마음, 마지막에 겨우 이름이 불려 자존심은 상하지만 애써 태연한 척 웃어보이던 그 마음, 팀이 이겨도, 져도 아무도 자신을 기억하지 않는 외로움. "나는 있어도 그만, 없어도 그만인가?" 하는 서운함이 어린 가슴 한쪽을 서늘하게 만들던 그 순간 말입니다. 당시 동네 아이들은 이렇게 복잡한 '깍두기'의 심정을 얼마나 헤아렸을까요?

저는 어린 시절에 '깍두기'라고 불리는 게 싫었습니다. 하지만 '깍두기'가 되어서라도 아이들과 함께 축구를 하고 싶었습니다.

그땐 몰랐습니다. 하지만 지금 돌아보면 그 '깍두기 제도에는 놀라운 따뜻함이 숨어 있었습니다. 실력이 부족하고, 나이가 어린 친구를 게임 밖으로 밀어내지 않고, 그래도 함께 뛰게 해주려는 작은 배려였던 겁니다. 깍두기는 사실 '패자'가 아니라 공동체가 서로를 품는 법을 배우게 해주는 사랑의 장치였습니다.

그리고 깍두기는 늘 어린 동생들이었습니다. 형들이 놀 때 옆에서 서성이며 "나도 끼워줘!" 하던 아이들, 그 아이를 그냥 돌려보내지 않고 깍두기로 받아주고 같이 놀아주었던 것입니다. 그때는 몰랐지만 그 작은 포용이 우리 어린 공동체를 오래도록 따뜻하게 붙들어주었습니다.

이제 설렁탕과 깍두기를 함께 먹을 때마다 그 '깍두기 같은 나'를 품어주신 하나님이 떠오릅니다. 가장 부족하고 뒤처지고 쓸모없어 보이던 나를 주님의 팀으로 불러주신 은혜 말입니다. 심지어 하나님은 나를 벤치가 아니라 "주전 선수"로 불러주기까지 하셨습니다.

그 은혜를 기억하며 오늘도 내 주변의 '깍두기들'을 향해 손을 내밉니다. 함께 웃고, 함께 걷고, 함께 식탁에 앉아 '깍두기의 자리'를 하나님의 자리로 바꾸는 사람이 되고 싶습니다.

깍두기를 좋아하시나요?

그렇다면 깍두기처럼 겸손히 서서

세상 속에서 사랑과 포용의 맛을 내는 사람,

하나님 나라의 진짜 깍두기가 되어보시지 않겠습니까?

내 영혼의 소울푸드가 있습니까?

고단백 영양식을 씹고 삼키는 훈련

살기 위해서는 반드시 먹어야 합니다. 생명은 먹는 것으로 유지되고, 성장도 먹는 것으로 이루어집니다. 먹지 못하면 살 수 없고, 충분히 먹지 않으면 자라지 못합니다.

갓난아기는 본능적으로 젖을 달라고 웁니다. 젖을 줄 때까지 엄마를 성가시게 조릅니다. 그러나 젖을 한 번 먹였다고 해서 그 배고픔이 해결되지는 않습니다. 아기는 몇 시간마다 정기적으로 젖을 먹어야 건강하게 자랍니다.

때로는 엄마가 아기에게 고무젖꼭지를 물려 잠시 울음을 달래보지만 결국 아기는 그 '가짜 젖'을 뱉어냅니다. 그것은

라떼 한 잔의 은혜

배고픔을 채워줄 수 없기 때문입니다. 결국 아기는 다시 '진짜 젖'을 찾습니다. 그 젖을 먹기 전에는 결코 만족하지 않습니다.

성경은 이렇게 말합니다. "갓난아기들 같이 순전하고 신령한 젖을 사모하라 이는 그로 말미암아 너희로 구원에 이르도록 자라게 하려 함이라"(벧전 2:2). 성도가 구원에 이르도록 자라려면 갓난아이처럼 '순전하고 신령한 젖'을 먹어야 한다는 것입니다. 신앙 성장은 자연스러운 일이 아니라 지속적인 영적 섭취의 결과입니다.

예수님께서도 말씀하셨습니다. "사람이 떡으로만 살 것이 아니요 하나님의 입으로부터 나오는 모든 말씀으로 살 것이라 하였느니라"(마 4:4). 그리스도인은 육신의 양식만으로는 살 수 없습니다. 영혼이 살아 있으려면 말씀이라는 영의 양식을 먹어야 합니다.

많은 성도들이 "영적으로 성숙하고 싶다"라고 말합니다. 하지만 정말 성장하고 싶다면 이제 '고무젖꼭지'를 뱉어내야 합니다. 세상이 주는 위로, 감정적 만족, 순간의 자극은 '가짜 젖'일 뿐입니다. 입안에서는 달콤하지만 영혼을 자라게 하지 못합니다. 오히려 신앙의 성장을 늦추고 영적 근력을 약하게 만듭니다. 진짜 성숙은 감정의 위로가 아니라 진리의 양식으로 살아갈 때 시작됩니다.

반대로 하나님의 말씀은 생명의 젖입니다. 먹으면 먹을수록 건강해지고, 피로가 회복되며, 영혼이 새 힘을 얻습니다. 그 젖을 매일 규칙적으로 섭취하는 사람은 그리스도의 장성한 분량까지 자라나 결국 예수님을 닮은 작은 예수로 살아가게 됩니다.

혹시 영적으로 지쳐 있습니까?
신앙의 활력이 예전 같지 않나요?
그렇다면 다시 말씀 앞으로 돌아오십시오.

제자 훈련은 '말씀을 먹는 법'을 배우는 훈련입니다.
단순한 공부가 아니라 말씀을 '씹고 삼키는' 훈련입니다.

말씀 속에 머물면 믿음의 운영체제Operating System가 새롭게 업그레이드됩니다. 신앙의 하향 곡선을 벗어나 다시 상승 곡선을 그리게 됩니다. 무엇보다도 내 영이 먼저 살아나 주변의 영혼들을 살리는 '생명의 통로'로 쓰임받게 됩니다.

살기 위해서는 먹어야 합니다. 매일 먹고, 정기적으로 먹고, 꾸준히 먹어야 합니다. 말씀을 먹는 기회를 놓치지 마십시오. 그 말씀이 우리 영혼의 숨결이며, 하나님께서 우리 안에 불어넣으신 생명의 기운입니다.

"내가 입을 벌리니 그가 그 두루마리를 내게 먹이시며 내게
이르시되 인자야 내가 네게 주는 이 두루마리를 네 배에 넣
으며 네 창자에 채우라 하시기에 내가 먹으니 그것이 내 입
에서 달기가 꿀 같더라"(겔 3:2-3).

좋은 신앙은 좋은 식습관과 같다

잘 먹는 신앙, 깊어지는 영성

저는 요리를 할 줄 모릅니다.

최근에서야 식당에서 아내 대신 음식을 주문할 정도는 되었지만 여전히 주방에서는 초보 수준입니다. 만약 아내가 음식을 준비해주지 않는다면 저는 아마 매일 삼계탕(?)으로 끼니를 때우고 있을 겁니다. 인삼과 대추, 찹쌀, 밤을 넣은 보양식을 말하는 게 아니라 '삼양라면에 계란 하나' 넣은 간편 '삼계탕' 말입니다. 그래서 저는 오늘도 아내가 차려주는 식탁 앞에 감사히 앉습니다.

어릴 적부터 저는 '입 다물고 밥 먹기'의 달인이었습니다. "밥 먹을 땐 조용히!"라는 어머니의 조기교육 덕분이지요. 그

덕에 지금도 밥 먹을 때는 웬만한 뉴스나 유혹에도 눈길을 주지 않습니다.

TV 프로그램 〈생활의 달인〉을 보면, 평양냉면 달인, 라면 달인, 떡볶이 달인, 김밥 달인, 짜장면 달인, 짬뽕 달인, 족발 달인, 바게트 달인, 소금빵 달인, 쿠키 달인, 타르트 달인, 피자 반죽 달인 등등 다양한 요리 분야에 놀랍도록 치열하게 살아온 달인들이 등장합니다. 그들의 손끝에서 나오는 맛은 단순한 요리가 아니라 거의 '예술'입니다. 저는 그 장인정신을 보며 늘 감탄합니다. 한 가지 음식을 위해 평생을 바친 그 열정이 때로는 제게 영적 도전처럼 다가옵니다.

그러다가 문득 궁금해집니다. "정말 그 비법 육수는 방송에서 다 공개할까?", "몇 대째 내려오는 비밀 레시피를 그렇게 쉽게 말할까?" 아마 저만 그런 의심을 하는 건 아니겠지요.

이야기가 자꾸 음식 쪽으로 흘러가지만, 사실 먹는 일은 영성의 문제이기도 합니다. 외국인들은 우리가 "밥 먹었어요?"로 안부를 묻는 것을 신기해하지만 우리 민족은 고난의 세월 속에서 '먹어야 산다'는 진리를 몸으로 익혀왔습니다. 그래서 우리는 밥상을 단순한 식사가 아니라 생명의 자리로 여겨왔습니다.

그런데 육체만이 아니라 영혼도 먹어야 삽니다. 말씀을 먹지 않는 영혼은 금세 지칩니다. 하루 한 끼를 굶으면 배가 고프듯 며칠 말씀을 놓치면 마음이 텁텁해집니다. 규칙적으로 말씀을 읽고 묵상하고 삶 속에 적용해야 영적 면역력이 자라납니다. 그때 영혼의 세포들이 다시 춤을 추기 시작합니다. 내 영혼이 잘 되고 범사가 잘 되고 강건해집니다.

　　요리를 잘하시나요? 식사를 거르지 않듯 하나님의 말씀도 매일 챙겨 드시나요? 좋은 신앙은 좋은 식습관과 같습니다. 꾸준히 먹고, 골고루 섭취해야 건강합니다. 말씀으로 훈련받을 때 우리는 하나님의 일꾼으로 빚어집니다.

　　"사랑하는 자여 네 영혼이 잘됨같이 네가 범사에 잘되고 강건하기를 내가 간구하노라"(요삼 1:2).

　　음식은 몸을 살리고 말씀은 영혼을 살립니다.
　　하루 세 끼로 몸이 살듯 영혼도 허기지게 두지 마십시오.
　　밥으로 건강해지고 말씀으로 단단해지십시오.

4

드링크와
영성

한 잔의 음료에 담긴 믿음의 온도

믹스되지 않으면, 진짜 커피가 아니다

분리되지 않는 신앙의 완전함

커피를 좋아하십니까?

저는 커피를 무척 좋아합니다. 하루에도 두세 잔의 따뜻한 핸드드립 커피를 즐기고, 여름이면 '커피의 눈물'이라 불리는 콜드브루를 내려 마십니다. 아침마다 커피 한 잔을 앞에 두고 예수님을 묵상합니다. 그럴 때마다 깨닫습니다. 한 잔의 커피에도 신앙의 비밀이 담겨 있다는 것을요.

커피는 대개 검은색이고 크림은 흰색인데, 그렇다고 해서 크림을 넣은 커피를 흑백black and white 커피라고 부르지 않습니다. 커피와 크림이 섞이면 더는 둘을 나눌 수 없기 때문이죠. 마찬가지로 우리의 신앙 안에서 예수님과 십자가는 분리될 수 없습니다. 크림 없는 커피가 허전하듯 십자가 없는 신앙은 비어 있습니다.

예수님의 십자가는 기독교 신앙과 복음의 핵심입니다. 그것은 세상을 향한 하나님의 사랑이자 인류를 위한 하나님의 구원 계획의 완성입니다. 하나님께서는 세상을 이처럼 사랑하사 독생자 예수 그리스도를 보내셨습니다. 그를 믿는 자마다 멸망하지 않고 영생을 얻게 하시려는 것이 하나님의 뜻이었습니다.

예수님은 그 구원의 계획을 이루기 위해 이 땅에 오셨습니다. 우리의 죄를 대신해 십자가의 심판을 받으시고, 우리를 대신해 십자가에서 죽으셨습니다. 그러나 그 죽음으로 끝나지 않으시고 부활하셨습니다. 예수님께서 십자가를 담당하심으로 우리는 구원을 받았습니다. 죽음 이후에도 사는 영원한 생명을 선물로 얻었으며, 하나님의 구원 계획은 그 십자가 위에서 완전히 성취되었습니다.

예수님의 십자가는 우리를 천국으로 인도할 뿐 아니라 이 땅에서도 천국을 살아가게 하는 능력입니다. 그 능력은 우리가 세상 속에서도 천국에 어울리는 사람, 곧 빛과 소금으로 살게 합니다. 하나님과 화목하게 하고, 깨어진 인간관계를 회복시키며, 상처를 치유하고, 악의 권세를 이길 힘을 줍니다.

하나님의 구원을 완성하시기 위해 예수님께서 걸어가신 길이 바로 십자가의 길입니다. "그는 근본 하나님의 본체시나 … 사람의 모양으로 나타나사 자기를 낮추시고 죽기까지 복종하셨으니 곧 십자가에 죽으심이라"(빌 2:6-8). 십자가의 길이란 하나님의 뜻을 이루기 위해 기꺼이 고난을 감당하는 길입니다. 예수님께서는 양 어깨에 십자가를 지시고, 그 길을 끝까지 걸어가심으로 우리에게 순종과 헌신의 본을 보여주셨습니다.

그 길은 자아를 내려놓는 희생의 길입니다. 내 뜻과 방식을 버리고 하나님의 뜻과 방식을 따르는 헌신의 길입니다. 고집을 내려놓고 예수님의 길을 택하는 순종의 길이며 "인자는 섬김을 받으러 온 것이 아니라 섬기러 왔다"라는 말씀처럼 섬기는 길입니다. 예수님을 삶의 최우선에 두고, 나를 위해 살던 삶에서 주님을 위해 사는 것이 십자가의 길입니다.

예수님을 믿고 구원받은 우리 그리스도인들은 예수님께서 걸어가신 그 십자가의 길을 따라가는 사람들입니다. 십자가 없는 부활은 없습니다. 십자가 없는 구원도 없습니다. 십자가 없는 죄 사함도, 하나님과의 화목도 없습니다. 십자가를

지지 않는 순종 역시 존재하지 않습니다. 그러므로 우리는 십자가를 비켜가면서 예수님을 따를 수 없습니다. 둘 중 하나를 선택하는 것이 아니라 예수님을 따른다면 반드시 십자가의 길도 함께 걸어야 합니다.

한 잔의 커피에도 신앙이 담기듯 우리의 일상 속에도 예수님의 십자가가 스며 있습니다. 믿음이란 결국 그분의 길과 하나 되어 살아가는 삶입니다. 이것이 바로 한 잔의 커피에 담긴 '신학'입니다.

오늘 커피의 향과 맛을 음미할 때 그 속에 담긴 십자가의 의미도 함께 음미해보시지 않겠습니까?

나 때 말고,
하나님의 때
나의 과거보다 하나님의 타이밍 자랑하기

"라떼는 말이야…"라는 말, 이제 굳이 설명할 필요도 없습니다. '나 때는 말이야'로 시작해 과거 고생담이나 훈계를 늘어놓는, 세대 간의 온도 차를 드러내는 표현이지요.

"세상 참 좋아졌네! 나 때는 말이야… 군대가 얼마나 고됐는지 몰라."
"나 때는 말이야… 밥 굶는 날이 태반이었어."
"나 때는 말이야… 어른 앞에서 눈도 못 마주쳤지."

이렇게 시작되는 말은 대개 길고, 듣는 사람은 피곤합니다. 신기하게도 영어에도 비슷한 표현이 있습니다. 바로

"When I was your age…"(내가 네 나이였을 땐 말이야…)입니다.

"내가 네 나이였을 때는… 스마트폰도 없었어."
"내가 네 나이였을 때는… 결혼해서 애까지 낳았지."
"내가 네 나이였을 때는… 학교 다니면서 돈도 벌었어."
이런 말의 공통점은 '끝이 없다'는 것입니다.

그렇다면 왜 우리는 "라떼는 말이야"를 싫어하면서도 정작 우리 스스로 그 말을 입에 올릴까요?

첫째, '라떼는 말이야'는 자기 도취의 언어입니다.
자기 과거를 미화하고, 경험을 절대화합니다. 실패와 연약함은 감추고 성취만 내세웁니다. 결국 솔직한 회고가 아니라 '자기 자랑'으로 기울어집니다. 바울의 말처럼 "아무것도 되지 못하고 된 줄로 생각"(갈 6:3)하는 착각에 빠집니다.

둘째, '라떼는 말이야'는 닫힌 마음의 표현입니다.
자기 경험의 울타리에 갇혀 남의 이야기를 듣지 않습니다. 공감 능력이 떨어지고, 상대의 감정을 헤아리지 못합니다. 특히 나이 어린 사람이나 지위가 낮은 사람을 무심코 깎아내립니다. 결과는 대화의 단절로 나타납니다. 하지만 이렇게 닫힌 대화에서는 아무리 옳은 말을 해도 상대는 마음을 열지 않습니다. "꼰대"라는 낙인만 남습니다.

셋째, '라떼는 말이야'에는 과거만 있고 미래가 없습니다.
추억에 머무르며 현실을 회피하고, "그땐 그랬지"라는 향
수에 갇혀 현재의 책임을 미룹니다. 후회와 죄책감이 마음을
짓누르고, 결국 미래를 향한 믿음의 발걸음도 멈춥니다. 하나
님이 주신 부르심의 상을 향해 나아가지 못하는 것입니다.

혹시 요즘도 "라떼는 말이야"로 시작하고 있지는 않습니
까? "라떼 주세요"는 괜찮지만, "라떼는 말이야"는 이제 내려
놓읍시다. 특히 우리보다 젊은 세대에게는 잔소리 대신 순수
히 경험을 나누는 지혜를 전합시다. 그리고 이렇게 새롭게 고
백해봅시다. "하나님의 때는 말이야…."
하나님의 때는 언제나 완벽합니다. 그분은 우리의 과거
속에서도, 지금 이 순간에도 그리고 앞으로도 신실하게 역사
하십니다. 우리가 다음 세대에게 전해야 할 것은 과거 자랑이
아니라 우리 인생에 역사하신 하나님의 선하심과 신실하심
입니다.

그러니 젊은 세대에게 '라떼'를 사 주되, '라떼는 말이야'
대신 "하나님의 때는 말이야…"를 들려줍시다. 그 속에서 그
들도 하나님을 경험하고, 믿음 안에 굳게 설 것입니다.

라떼보다 뜨거운 3요 세대

하나님의 때에는 세대가 없다

언젠가부터 대화가 어색해졌습니다. 유행어를 몰라서가 아니라, 말의 속도가 서로 달라졌기 때문입니다. 젊은 동역자들이 쓰는 단어는 짧고, 반응은 빠르고, 감정은 솔직합니다. 그런데 그 짧은 한마디에 세대의 온도와 방향이 드러납니다.

요즘 젊은 세대가 자주 쓰는 말이 있습니다.
바로 "3요"입니다. "이걸요?", "제가요?", "왜요?"
(최근에는 "몰라요"도 추가된다고 합니다.)
회사나 교회에서 어떤 일을 부탁하면 이렇게 되묻는 사람들이 있습니다. 처음엔 버릇없게 들리지만 자세히 보면 이유가 있습니다. 그들은 '명령'보다 '이해'를 원합니다. 무엇을,

왜 해야 하는지를 납득하고 싶어 합니다. 그 이유가 분명해질 때라야 비로소 헌신할 수 있습니다.

이건 게으름이 아니라 합리성과 주체성의 표현일 수도 있습니다. 하지만 그 질문 뒤에 진심이 사라지고, 책임 회피나 불평이 자리할 때는 문제가 됩니다.

"이걸요?"는 '하기 싫어요'의 완곡어가 되고,

"제가요?"는 '왜 꼭 나예요?'의 불만이 되고,

"왜요?"는 '납득되지 않으니 따르지 않겠어요' 선언이 됩니다.

이럴 때 '3요'는 성숙한 질문이 아니라 신앙의 미성숙을 숨기는 방패가 됩니다. 성경은 이렇게 말합니다.

"무슨 일을 하든지 마음을 다하여 주께 하듯 하고 사람에게 하듯 하지 말라"(골 3:23).

일터나 교회에서 맡은 일은 누가 시켜서가 아니라 하나님이 나를 통해 일하시는 자리로 받아들여야 합니다. 하찮은 일이라도 거기에 하나님의 뜻과 목적이 숨어 있습니다. 작은 순종이 결국 미래의 부르심을 여는 열쇠가 됩니다.

그러나 이 이야기는 기성세대에게도 예외가 아닙니다. 젊은 세대를 향해 "요즘 애들은…"으로 시작하는 말은 하나님이 여전히 새 일을 행하신다는 사실을 잊게 만듭니다. 우리는 종종 '우리 때는 그랬다'며 과거의 기준으로 현재를 재단합니다. 하지만 하나님은 세대마다 다른 언어, 다른 방식으로 일하십니다. 그분의 시간표에는 '나 때'가 아니라 '하나님의 때'만 있습니다.

젊은 세대에게 묻습니다. "왜요?"라고 되묻기 전에, 한 번 이렇게 답해보면 어떨까요? "힘든 건 알지만, 제가 해보겠습니다. 하나님의 일이니까요."

기성세대에게도 묻습니다. "나 때는 말이야" 대신 이렇게 고백하면 어떨까요? "그때도 지금도, 모든 게 하나님의 은혜였습니다."

세대는 달라도 부르심은 같습니다.

하나님은 "라떼 세대"와 "3요 세대" 모두를 통해 일하십니다. 우리의 말이 세대를 나누는 벽이 아니라 세대를 잇는 다리가 되길 바랍니다. 그리고 그 다리 위에서 하나님은 여전히 같은 음성으로 말씀하십니다.

"지금이 바로, 내가 일하는 때다."

쓴맛 속의 단맛
커피처럼 익어가는 관계의 온도

저희 부모님은 커피를 무척 좋아하십니다. 아버지는 평생 하루도 거르지 않고 커피를 드셨고, 어머니는 입맛이 없어도 모닝커피만은 꼭 챙기셨습니다. 하지만 젊은 시절의 저는 커피를 거의 마시지 않았습니다. 시원하고 달콤한 음료를 선호했기 때문에 커피를 별로 좋아하지 않았습니다. 쓰고 뜨거운 커피가 입맛에 맞지 않았고, 카페인으로 인한 불면과 위염 때문에 오랫동안 커피와는 거리를 두고 살았습니다.

그런데 어느 날부터인가 그 '쓴맛'이 좋아졌습니다. 새벽 공기를 가르며 한 잔의 드립 커피로 하루를 시작하고, 아침 일찍 교회 사무실에서 군고구마 하나 곁들여 향을 음미하는

라떼 한 잔의 은혜

즐거움이 생겼습니다. 쓴맛 속에 단맛이 있고, 뜨거움 속에 위로가 있다는 것을 이제야 조금 알 것 같습니다.

여름이면 저는 더치커피를 내립니다. 뜨거운 물이 아닌 차가운 물로 오랜 시간 추출하는 방식이라, 물방울이 한 방울씩 떨어지며 7~8시간에 걸쳐 커피가 완성됩니다. 그래서 더치커피에는 '커피의 눈물'이라는 별명이 붙었습니다. 하지만 이 커피는 바로 마실 수 없습니다. 와인이 숙성되어야 제맛을 내듯, 냉장고에서 이틀, 길게는 사흘은 묵혀야 비로소 향과 풍미가 살아 있는 콜드브루가 됩니다. 이렇게 써놓고 보니 마치 커피 전문가라도 된 듯하지만 솔직히 저는 아직 커피에 대해서는 초보자입니다.

요즘은 커피 한 잔이 단순한 음료를 넘어 관계를 잇는 매개가 됩니다. 누군가에게는 위로이고, 또 누군가에게는 용기입니다.

"커피 한 잔 할래요?"라는 제안에는 "당신의 이야기를 듣고 싶어요."라는 마음이 숨어 있습니다. 그래서 저는 생각합니다. 어쩌면 지금 우리에게 가장 '핫한 플레이스'는 SNS 속 감각적인 카페가 아니라 서로의 마음이 조금씩 녹아드는 커피 한 잔의 자리일지도 모른다는 것을요. 그곳에서는 누가 먼저 달하느냐보다 누가 진심으로 들어주느냐가 더 중요합니다.

요즘 저는 그런 자리를 더 만들고 싶습니다. 누군가의 하루를 버텨준 이야기, 힘들지만 웃을 수 있었던 이유를 커피 향 사이로 나누는 시간 말입니다.

커피는 그렇게 비싸지는 않습니다. 하지만 마음을 담은 한 잔의 온기, 나눔의 시간은 값으로 매길 수 없습니다. 커피를 건넬 때 "고맙습니다." 한마디가 더해진다면 그 순간 그 자리가 세상에서 가장 따뜻한 '핫 커피 플레이스'가 됩니다.

이번 주에는 당신의 일상에서도 그런 공간을 만들어보세요. 커피 한 잔을 나누며 잠시 멈춰 서서 서로의 이야기를 듣는 자리 말입니다. 그 짧은 시간이 하루를 바꾸고, 그 향은 오래도록 마음속에 남을지도 모릅니다.

코카콜라가
막대한 광고비를 쓰는 이유
갈증은 다르지만 해갈은 하나

제 사무실 책장에는 크고 작은 코카콜라 병들이 가지런히 줄지어 있습니다. 누가 봐도 묘한 풍경이지요. 처음 본 사람들은 이렇게 묻습니다.

"목사님, 코카콜라를 그렇게 좋아하시나요?"

"설마 수집가세요?"

"코카콜라 회사에서 상이라도 받으셔야겠네요."

코카콜라는 세계적인 상품입니다. 코카콜라를 모르는 사람은 거의 없습니다. 그럼에도 코카콜라 회사가 여전히 전 세계에 막대한 광고비를 쓰는 이유를 아시나요?

세상을 떠나는 사람보다 새로 태어나는 사람이 더 많기

때문이라고 합니다. 새로운 세대에게 코카콜라를 알리기 위해 그들은 오늘도 쉼 없이 홍보합니다. 그 사실을 떠올릴 때마다 책장 속 코카콜라 병들이 새롭게 다가옵니다. 단기선교를 다녀온 이들이 선물로 가져온 병들을 바라보며, 이런 생각이 들곤 합니다. "복음도 코카콜라처럼 세상의 모든 벽을 넘어 자연스레 스며들면 얼마나 좋을까."

코카콜라는 세계 200개국 이상에서 팔리는 음료입니다. 한때 미얀마에는 60년 만에 다시 들어왔고, 북한과 쿠바를 제외하면 지구상 거의 모든 나라에서 판매됩니다. 2012년, 블룸버그가 인용한 인터브랜드 보고서에 따르면 코카콜라의 브랜드 가치는 무려 779억 달러(원화 기준 약 110조 원), 그야말로 세계에서 가장 비싼 이름이었습니다(코카콜라의 주식 시가총액은 2025년 기준으로 대략 420조 원이다—편집자).

코카콜라의 전설적인 CEO 로버트 우드러프는 이런 말을 남겼습니다. "내 세대 안에 전 세계 모든 사람에게 코카콜라를 한 잔이라도 맛보게 하는 것이 내 꿈이다." 그는 나중에 기자가 성공의 비결을 묻자 "내 혈관에는 피가 아니라 코카콜라가 흐른다"라고 답했습니다.

문득 이런 생각이 듭니다. 지구상에 코카콜라를 모르는

라떼 한 잔의 은혜

사람은 거의 없는데 복음을 모르는 사람은 얼마나 많을까? 이슬람교도 약 16억 명, 힌두교도 9억 6천만 명, 불교도 5억 명, 그리고 종교가 없는 사람들까지 더하면 여전히 복음을 한 번도 들어보지 못한 인구가 셀 수 없이 많습니다.

복음 전하는 일은 특정 직업이나 직분의 몫이 아닙니다. 그것은 우리 모두의 사명이며, 동시에 책임입니다. 굳이 먼 나라로 나가지 않아도 됩니다. 이미 우리 곁에는 여러 문화와 언어, 다른 신념을 가진 사람들이 이웃으로, 동료로, 친구로 함께 살아가고 있습니다. 우리가 그들에게 복음을 전한다고 해서 큰 핍박을 받지는 않습니다. 우리는 거저 받은 복음을 그들에게 거저 나누어 주면 됩니다.

코카콜라는 잠시 목을 축여주지만 복음은 영혼의 갈증을 영원히 해갈시킵니다. 복음은 단순한 '좋은 소식'이 아니라 삶을 새롭게 변화시키는 하나님의 능력입니다. 복음은 존재의 목적을 새롭게 하고 절망 속에서도 다시 일어설 이유를 줍니다. 그리고 우리를 새로운 피조물로 살아가게 만듭니다. "아름답도다 좋은 소식을 전하는 자들의 발이여"(롬 10:15).

복음은 여전히 세상에서 가장 강력한 메시지입니다. 그것이 모든 사람에게 전해지는 날까지, 우리는 각자의 자리에서 빛을 발해야 합니다. 한 영혼에게 손을 내미는 그 순간, 당신의 말과 삶이 누군가의 복음이 될 수 있습니다.

코카콜라가 전 세계를 적신 것처럼 우리의 복음은 그만큼 세상을 적시고 있습니까?

5

트리와 영성

뿌리와 가지로 배우는 성장의 신비

열매의 수가 아니라
뿌리의 깊이로 산다
나무에게 배우는 믿음의 법칙

LA에는 마당마다 과일나무가 자라는 집이 많습니다. 저희 집 뒷마당에도 전 주인이 심어 놓은 배나무, 포도나무, 레몬나무, 무화과나무가 있습니다. 가지치기도 제대로 못하고 비료도 제대로 주지 못하지만 계절이 돌면 어김없이 열매를 맺습니다. 비록 열매가 작고 몇 개 되지 않더라도 바라보는 기쁨과 따먹는 즐거움은 큽니다. 무엇보다 이 나무들은 제게 많은 것을 가르쳐줍니다.

첫째, 건강한 나무는 반드시 가지치기를 해야 합니다.
가지치기는 나무의 성장을 돕고 영양분이 잎과 꽃에만 쏠리지 않도록 균형을 잡아줍니다. 가지를 잘라내지 않으면 나무는 커 보이지만 정작 열매는 작고 보잘것없습니다.

신앙도 마찬가지입니다. 그리스도인에게는 '생각 가지치기'가 필요합니다. 머릿속에 떠도는 잡생각을 내버려두면 말씀에 집중하지 못하고 결국은 하나님께 깊이 뿌리내리지 못합니다. 생각 가지치기란 잘못된 고정관념에서 벗어나는 일입니다. 이기심과 불신, 부정적 사고처럼 하나님이 기뻐하지 않으시는 생각을 품고 있다면 그 마음에는 결코 아름다운 신앙의 열매가 자랄 수 없습니다.

"분재는 뿌리를 잘라주지 않으면 죽고, 사람은 생각을 바꾸지 않으면 늙는다"라는 말이 있습니다. 가지치기를 할 때 비르소 나무가 새로 돋아나듯 생각이 새로워질 때 우리는 늙지 않고 자라는 '어른'이 됩니다. 신앙과 인격의 열매를 맺는 성숙한 그리스도인이 됩니다.

둘째, 나무의 생명은 뿌리에 있습니다.
'나무 의사'로 잘 알려진 우종영 씨는 이렇게 말했습니다. "병든 나무는 고칠 수 있지만, 뿌리가 한 번 들린 나무는 살릴 수 없습니다." 태풍이 스쳐 가며 뿌리가 살짝 들리면, 겉으론 멀쩡해 보여도 끊어진 잔뿌리들이 결국 나무를 죽음으로 이끌기 때문입니다. 땅속의 뿌리는 눈에 보이지 않지만 나무가 바람에 꺾이지 않고 곧게 서 있으려면 그 뿌리가 깊고 단단해야 합니다. 뿌리 없는 크리스마스트리는 아무리 장식이 화려해도 생명이 없습니다. 하지만 뿌리가 깊은 나무는 시절을 따라 꽃을 피우고 풍성한 열매를 맺습니다.

그리스도인의 생명도 이와 같습니다. 하나님 말씀에 뿌리를 내린 사람은 시류에 흔들리지 않고, 감사로 삶을 채우며, 믿음의 경주를 끝까지 달립니다. 그는 예수님의 성품을 닮아갑니다.

셋째, 나무는 거센 바람과 추위 그리고 수많은 상처를 견뎌야 비로소 좋은 목재가 됩니다.

그렇게 단단해진 나무만이 귀하게 쓰입니다. 캐나다 로키산맥의 해발 3,000미터 수목 한계선에 서 있는, 바람에 시달려 뒤틀린 '무릎 꿇은 나무'는 겉모습은 초라하지만 가장 맑은 울림을 내는 악기의 재료가 됩니다. 러시아의 자작나무는 상처투성이 몸통에서 귀한 약재를 내고, 수백 년의 바람을 견딘 올리브나무는 최고의 열매와 오일을 선사합니다.

신앙의 길에서도 고난은 피할 수 없는 과정입니다. 고난을 통과한 사람만이 깊은 믿음을 갖게 되고, 그 고난이 삶을 연단시켜 하나님께 쓰임받게 합니다. 십자가의 길을 걸으신

라떼 한 잔의 은혜

예수님처럼 우리도 그분의 발자취를 따라 작은 예수로 자라납니다.

여러분의 집에는 어떤 나무가 자라고 있습니까? 그 나무는 제철마다 풍성한 열매로 자신을 증명하고 있습니까? 아니면 세월과 바람 속에서도, 비록 몇 개뿐일지라도 오래 견딘 생의 흔적 같은 열매를 맺고 있습니까? 열매의 수보다 중요한 것은 그 나무가 얼마나 깊이 뿌리내리고, 얼마나 묵묵히 버텨왔는가입니다. 보기에 화려하지 않아도, 뿌리가 깊은 나무는 어떤 계절에도 쓰러지지 않습니다.

우리의 인생도 그렇습니다. 결국 때를 따라 열매 맺게 하시는 분은 하나님이십니다. 그분은 우리의 일상 속에서도, 인내와 믿음으로 살아가는 삶을 통해 조용하지만 확실한 영적 열매를 맺게 하십니다.

올리브나무의 영성

비워질수록 풍성해지는 역설

이스라엘 성지 순례 중, 성경에 등장하는 식물들을 직접 눈으로 보는 기쁨을 누렸습니다. 그중에서도 단연 눈길을 끈 것은 팔레스타인 전역을 뒤덮은 올리브나무였습니다. 가이드의 말에 따르면 올리브나무는 버릴 것이 하나도 없는 나무입니다. 잘 휘어지지만 부러지지 않아 도마나 주걱, 그릇 같은 생활 도구로 쓰이고, 잎은 상처 치료제와 차의 재료로, 줄기는 면류관의 재료로 사용됩니다. 열매는 숙성시켜 먹을 수도 있고, 그 유명한 올리브오일을 짜내는 데 쓰입니다.

올리브기름은 성경 시대 이전부터 다양한 용도로 사용되었습니다. 가장 순수한 엑스트라버진 오일은 성전에 바치는

라떼 한 잔의 은혜

제의용 기름이었고, 한 개의 돌로 가볍게 눌러 짠 오일은 식용으로, 세 개의 돌로 눌러 짠 진한 오일은 등불의 연료로 사용되었습니다. 남은 찌꺼기조차 버려지지 않고 비누 재료나 땔감으로 쓰였으니 올리브나무는 말 그대로 자신의 모든 것을 내어주는 나무입니다.

하지만 유용한 만큼 성장도 느립니다. 심은 지 4~5년이 지나야 열매를 맺고, 15~20년이 되어야 상품성 있는 열매를 수확할 수 있습니다. 단단한 석회질 토양에서 뿌리를 내리는 데 오랜 시간이 걸리기 때문입니다. 그러나 그 인내의 결과는 놀랍습니다. 올리브나무의 수명은 천 년을 훌쩍 넘기고, 죽어가는 고목의 밑동에서는 새로운 순이 돋아 고목과 연결되어 그 생명을 다시 연장시키기도 합니다. 예루살렘 겟세마네 동산의 만국교회 정원에는 2,000년 이상 된 고목과 그 밑에서 돋은 새순이 지금도 함께 살아 있는 광경을 직접 보기도 했습니다.

올리브나무는 늘 말없이 자신을 내어줍니다. 열매를 맺어 기꺼이 나누고, 태양이 내리쬐는 날에는 시원한 그늘이 되어줍니다. "못생긴 나무가 산을 지킨다"라는 속담처럼, 한번 뿌리내린 자리에서 묵묵히 그 땅을 지키며 아낌없이 자신을 내어주는 존재입니다. 팔레스타인의 올리브나무는 희생과 헌신의 사랑을 상징합니다.

이 나무를 떠올리면, 대학 시절 참여했던 연극 한 장면이 생각납니다. 셸 실버스타인의 명작 『아낌없이 주는 나무』를 무대화한 작품이었습니다. 저는 대사 한 줄 없는 나무의 줄기 역할을 맡았습니다. 주인공 소년이 어른이 되고, 늙어 돌아올 때까지 나무는 열매와 가지, 잎, 줄기, 심지어 잘린 밑동까지 내어줍니다. 기쁨으로 자신을 내주는 그 나무는 이기적인 세상에서 '주는 사랑'이 얼마나 아름답고 강한지 보여줍니다.

팔레스타인의 가장 흔하지만 가장 귀한 나무, 올리브나무를 보며 저 역시 아낌없이 주는 인생이 되고 싶었습니다. 스스로 맺은 열매를 남에게 기꺼이 내어주는 인생, 지친 이들이 내 그늘에 와서 쉬어갈 수 있는 인생, 한 자리에 뿌리내려 그 땅을 지키며 올리브기름처럼 다양한 방법으로 사람들에게 유익을 주는 인생, 그리고 긴 시간을 두고 천천히 그러나 꾸준히 열매 맺는 인생. 부족하지만 예수님과 그분의 교회를 위해 기쁨으로 자신을 내어주는 영적인 올리브나무가 되고 싶습니다.

라떼 한 잔의 은혜

흔들림은 약함이 아니라
생명의 증거
흔들려야만 배우는 믿음의 깊이

우리는 흔히 믿음을 '흔들림 없는 확신'으로 생각합니다. 그러나 성경 속 믿음의 사람들 그리고 오늘날 우리 모두의 신앙 여정은 그렇게 단순하지 않습니다. 믿음은 고요한 확신이라기보다 삶의 풍랑 속에서도 방향을 잃지 않으려 몸부림치며 하나님을 향해 나아가려는 깊은 갈망과 결단입니다.

실제의 믿음은 평탄하지 않습니다. 수없이 넘어지고 다시 일어서는 여정이며, 그 흔들림의 순간마다 하나님께 뿌리를 더 깊이 내릴 때 믿음은 자라납니다.

"살아 있는 나무만 흔들린다."

이 말은 신앙의 본질을 가장 잘 드러냅니다. 죽은 가지는 바람에도 반응하지 않지만, 살아 있는 가지는 잎과 함께 흔들립니다. 우리의 믿음도 살아 있기에 고난과 의심, 슬픔과 유혹의 바람에 흔들립니다. 기도하는 손이 떨리고, 마음이 무너지고, 하나님의 부재처럼 느껴지는 어둠의 시간을 통과하기도 합니다.

그러나 바로 그 흔들림 속에서 믿음은 깊어집니다. 세찬 바람 속에서 나무의 뿌리가 더 단단해지듯 우리의 신앙도 겉으로는 보이지 않는 자리에서 더 깊이 자리 잡습니다. 뿌리가 깊을수록 나무는 높이 자라고, 그늘은 넓어지고, 열매는 풍성해집니다. 흔들림은 약함의 징표가 아니라 살아 있다는 증거입니다.

향나무가 찍힐수록 더 진한 향을 내듯, 그리스도의 사람은 깎이고 꺾인 자리에서 오히려 그분의 향기를 드러냅니다. 이해할 수 없는 현실 속에서도 감사하고, 아픔 한가운데서도 소망을 노래합니다. 그 향기는 잠시 피어나는 감정이 아니라 예배와 말씀, 기도와 공동체 속에서 오랜 시간 하나님과 동행하며 뿌리내린 삶에서 배어 나오는 향기입니다. 그래서 우리는 이 뿌리를 늘 돌보고 점검해야 합니다.

때로 하나님은 우리의 믿음을 새롭게 하시기 위해 익숙함을 도려내고, 고정된 틀을 깨뜨리십니다. 분재가 뿌리를 정리하지 않으면 꽃을 피우지 못하듯 신앙도 오래된 습관과 사고에 갇히면 생기를 잃습니다. 아프고 불편하지만 새로운 생명은 바로 그 자리에서 시작됩니다.

"못생긴 나무가 산을 지킨다." 믿음의 공동체 안에도 주목받지 않지만 묵묵히 제 자리를 지키는 이들이 있습니다. 계절마다 성실히 잎을 틔우고 열매를 맺는 그들의 삶이야말로 하나님 앞에서 충실한 신앙의 표본입니다.

믿음의 삶은 흔들리지 않는 삶이 아닙니다. 흔들려도 다시 하나님께 뿌리내리는 삶입니다. "그는 물가에 심어진 나무가 그 뿌리를 강변에 뻗치고 더위가 올지라도 두려워하지 아니하며 그 잎이 청청하며 가무는 해에도 걱정이 없고 결실이 그치지 아니함 같으리라."(렘 17:8)

우리가 사는 세상은 끊임없이 흔들립니다. 불안한 뉴스, 예기치 못한 아픔, 이해할 수 없는 일들이 우리를 흔들어놓습니다. 그러나 그 흔들림 속에서도 다시 하나님을 바라보는 사람, 말씀과 기도, 공동체 안에서 조용히 하나님께 뿌리내리는 사람, 그가 진짜 믿음의 사람입니다.

사람을 세우는 것이
가장 오래 남는다

예수님이 선택하신 제자도의 방식

산등성이에 홀로 우뚝 선 소나무는 웅장하고 장엄해 보이지만 실상은 땅속의 자양분을 혼자 빨아들여 주변의 생명을 메마르게 합니다. 반면 바나나나무는 다릅니다. 한 그루가 열매를 맺으면 그 곁에서 새 줄기가 돋아나 또 다른 나무를 키웁니다. 한 생명이 또 다른 생명을 일으켜 결국 숲을 이룹니다.

제자도란 바로 그런 삶입니다. 홀로 고고히 서는 것이 아니라 생명을 나누고 또 다른 제자를 세워가는 여정입니다. 바울은 이렇게 말했습니다. "또 네가 많은 증인 앞에서 내게 들은 바를 충성된 사람들에게 부탁하라 그들이 또 다른 사람들을 가르칠 수 있으리라"(딤후 2:2).

예수님은 직접 많은 열매를 맺는 일보다 자신을 닮은 제자들을 세우는 일에 집중하셨습니다. 그리고 그 제자들을 통해 하나님 나라를 확장하시고 영원한 열매를 거두셨습니다. 우리가 오늘 복음을 듣고 예수님을 믿게 된 것도, 누군가가 그 제자도의 길을 걸어왔기 때문입니다.

모소대나무는 5년 동안 자라지 않는 듯 보이지만, 그 시간에 뿌리를 깊이 내리고 양분을 쌓습니다. 그리고 단 6주 만에 15미터 이상 치솟습니다. 순식간에 자란 것 같지만 그동안 보이지 않는 땅속에서 뿌리를 내리고 양분을 쌓아온 덕분입니다. 제자도도 그렇습니다. 겉으로 열매가 없어 보여도 하나님은 보이지 않는 곳에서 우리를 빚고 계십니다.

로키산맥의 나무들은 거센 바람과 눈보라에 시달리며 자라지만 그 비틀린 나무들이 오히려 최고의 바이올린이 됩니다. 상처가 깊을수록 울림도 깊기 때문입니다. 참된 제자는 그런 나무처럼, 고난 속에서 순종을 배우고 인내로 자랍니다.

그가 맺는 열매는 자기 자신이 아니라 '예수 그리스도'입니다. 예수님은 말씀하셨습니다. "나는 포도나무요 너희는 가지라"(요 15:5). 참된 제자는 이 말씀처럼 주님께 붙어 있을 때만 생명을 얻고 열매를 맺습니다. 그리고 그 열매는 반드시 복음의 나눔으로 이어집니다. 이것이 제자도의 결실입니다.

제자를 세우는 일은 곧 영원을 심는 일입니다. 그 길은 느리고 때로는 고난이 따르지만 결코 헛되지 않습니다. "당년에 거두려거든 곡초를 심고, 십 년에 거두려거든 나무를 심고, 백 년에 거두려거든 사람을 심고, 영원히 거두려거든 복음을 심어라." 강태국 목사의 명언입니다.

"가서 제자를 삼으라."
예수님이 우리에게 남기신 마지막 명령은 단순했습니다.
사람을 세우십시오. 제자를 심으십시오. 오늘 나를 통해 한 사람이 세워질 때 그를 통해 또 다른 제자가 자라납니다. 그 제자들이 모여 교회를 이루고 복음의 생명이 이 땅에 뿌리 내리게 됩니다.

그 길을 걸어가십시오. 고난과 침묵의 시간을 견디며, 하나님이 그 시간조차 사용하실 것을 믿으십시오. 그 길의 끝에서 마침내 우리를 기다리시는 예수님을 만나게 될 것입니다. 그리고 영원한 열매를 거두게 될 것입니다.

버티는 게 은혜다

혼자만 자라는 신앙이 아니라 함께 서는 믿음

교호에서 차로 북쪽으로 약 5시간, 430킬로미터를 달리면 세쿼이아 국립공원이 나옵니다. 그곳에는 '자이언트 세쿼이아'라 불리는 거대한 나무들이 자라고 있습니다. 그중에서도 가장 큰 나무가 바로 셔먼장군나무General Sherman Tree입니다. 이 나무는 남북전쟁 당시 북군 장군이었던 윌리엄 셔먼William Sherman의 이름을 따서 붙여졌습니다.

공원 안내문에 따르면 셔먼장군나무의 높이는 약 84미터로 30층 건물 높이에 해당합니다. 둘레는 장정 14~15명이 팔을 벌려야 간신히 감쌀 수 있고, 나무의 몸통만으로도 방 3개짜리 목조주택 40채를 지을 수 있다고 합니다. 만약 이 나무를 속까지 파서 물로 채운다면, 그 물로 매일 한 번씩 27년 동안 샤워를 할 수 있을 만큼의 양입니다. 셔먼장군나무 앞에 처음 섰을 때, 웅장함이 숨을 멎게 했습니다. 그 압도적 존재감 앞에서 인간이 얼마나 작은 존재인지 절로 깨달았습니다. 이 나무를 직접 보고 깨달은 교훈이 몇 가지가 있습니다.

1. 공동체의 힘

자이언트 세쿼이아 나무들은 거의 언제나 함께 자랍니다. 혼자 서 있는 나무는 거의 없습니다. 폭풍과 비바람 속에서도 서로가 바람막이가 되어 주며, 숲 전체가 하나의 거대한 생명 공동체를 이룹니다. 셔먼장군나무 역시 혼자였다면 2,200년의 세월을 버티지 못했을 것입니다.

신앙생활도 마찬가지입니다. 홀로 믿음을 지키는 일은 결코 쉽지 않습니다. 하지만 함께 예배하고, 함께 기도하며, 함께 울고 웃는 믿음의 공동체 안에서 우리는 쓰러지지 않습니다. 혼자 '거목'이 되는 것이 아니라 함께 '숲'을 이루는 인생이 진짜 신앙인의 길입니다.

2. 연결의 힘

세쿼이아 나무의 유일한 약점은 의외로 얕은 뿌리입니다. 그럼에도 수천 년을 버텨온 이유는 뿌리들이 사방으로 뻗어 서로 맞물려 있기 때문입니다. 한 나무의 뿌리가 다른 나무의 뿌리를 감싸며 서로를 붙들고 있습니다.

신앙인도 이와 같습니다. 우리의 뿌리가 얕을지라도, 예수 그리스도 안에서 서로 연결되어 있을 때 넘어지지 않습니다. 기도와 사랑, 용서와 격려라는 '보이지 않는 뿌리'가 서로를 묶어 줄 때, 우리는 어떤 폭풍 앞에서도 흔들리지 않는 신앙의 거목으로 자라납니다.

3. 버팀의 영성

셔먼장군나무는 약 2,200년을 그 자리를 지켜왔습니다. 폭풍, 산불, 가뭄 속에서도 뿌리 뽑히지 않고 제자리를 지킨 그 '버팀'이 오늘의 위대한 존재를 만들었습니다.

요동치는 세상 속에서도 있어야 할 자리에 묵묵히 서 있는 사람, 끝까지 자리를 지키는 사람, 그런 이가 결국 세상을 변화시킵니다. 진짜 믿음은 화려한 순간보다 꾸준히 서 있는 시간의 길이로 증명됩니다.

4. 내면의 아름다움

세쿼이아 나무는 쉽게 불타지 않습니다. 무려 80센티미터 두께의 두꺼운 껍질에는 해충을 막는 성분이 들어 있어 오랜 세월 나무를 지켜왔습니다. 겉이 불에 그을려도 속은 여전히 살아 있습니다.

겉모습이 초라하고 상처투성이일지라도 예수 그리스도

께 깊이 연결된 내면은 꺼지지 않습니다. 성령의 불이 우리 안에서 타오를 때 외부의 고난은 더 이상 두려움이 되지 않습니다. 그 내면의 생명력이 바로 진짜 아름다움입니다.

이 거대한 나무 앞에서 저는 '영적인 숲'의 의미를 배웠습니다. 신앙은 크고 웅장한 성취가 아니라 함께 뿌리내리고 서로를 붙드는 믿음의 연대 속에서 자라납니다. 하나님은 홀로 거대한 나무 한 그루를 원하시는 것이 아니라 함께 서 있는 숲을 기뻐하십니다.

"너희는 사도들과 선지자들의 터 위에 세우심을 입은 자라 그리스도 예수께서 친히 모퉁잇돌이 되셨느니라. 그의 안에서 건물마다 서로 연결하여 주 안에서 성전이 되어 가고 너희도 성령 안에서 하나님이 거하실 처소가 되기 위하여 그리스도 예수 안에서 함께 지어져 가느니라"(엡 2:20-22).

6

라이프와
영성

평범한 하루에서 피어나는 신학

신용카드 신학

값없이 탕감된 빚, 값지게 살아내는 믿음

신혼 초, 백화점 신용카드를 신청했다가 거절당한 적이 있습니다. 요즘은 카드 발급을 권하는 곳이 많지만 그때만 해도 수입이 없고 신용등급이 낮은 사람에게는 냉정했습니다. 그때 느꼈던 서글픔이 아직도 기억납니다.

신용카드는 아무에게나 발급되지 않습니다. 발급의 핵심 기준은 '신용'입니다. 신용점수가 높으면 사전승인 안내서가 날아오고 서명만으로도 카드를 손에 쥘 수 있습니다. 그러나 그 신용에는 반드시 책임이 따릅니다. 갚지 못한 빚은 높은 이자와 연체료로 돌아오고, 신용등급은 하락하며, 심하면 '신용불량자'라는 낙인이 찍혀 경제활동 자체가 막힙니다. 저 역

라떼 한 잔의 은혜

시 신학교 시절 학자금 대출을 제때 상환하지 못해 고통스러웠던 적이 있습니다. 그 시절의 무력감과 부담은 지금도 생생합니다.

그렇다면 신용카드와 그리스도인의 삶은 어떤 점에서 닮아 있을까요? 우리는 하나님 앞에서 구원받을 만한 '신용등급'을 가지고 있었을까요? 하늘의 시민권을 받을 만큼 신뢰받을 자격이 있었을까요? 성경은 말합니다. "죄의 삯은 사망이요." 모든 인간은 죄인이며 하나님 앞에서 영적 채무자이자 신용불량자입니다.

우리는 죄의 빚을 갚을 능력이 없습니다. 영적 신용이 '0'입니다. 죽을 수밖에 없는 존재입니다. 그런데 죄 없으신 예수님께서 십자가에서 우리의 모든 빚을 대신 갚으셨습니다. "그러므로 이제 그리스도 예수 안에 있는 자에게는 결코 정죄함이 없나니"(롬 8:1). 이제 우리는 더 이상 '채무자'가 아닙니다. 하나님께 빚진 자가 아니라 예수님의 신용으로 새 생명을 얻은 존재입니다.

그리스도 안에서 우리의 모든 빚은 탕감되었습니다.
과거의 죄, 현재의 죄 그리고 아직 짓지 않은 죄까지.
우리는 '용서받은 죄인'으로서 자유롭게 삽니다.

하나님을 사랑하고 이웃을 섬기며 은혜 안에서 기쁨으로 살아갑니다.

우리가 구원받은 것은 우리의 신용이 아니라 예수님의 신용 덕분입니다. 하나님은 우리의 불량한 등급을 보지 않으시고 예수님의 완전한 신용으로 우리를 의롭다 하셨습니다.

하지만 여기서 만족해서는 안 됩니다. 이제 세상이 바라보는 또 다른 '신용등급'이 있습니다. 그리스도인으로서 우리가 세상 앞에 얼마나 신뢰받는가 하는 것입니다. 복음은 은혜로 주어졌지만 그 복음의 신뢰는 우리의 삶으로 증명됩니다. 우리가 정직하지 못하면 아무리 복음을 말해도 세상은 믿지 않습니다. 우리 삶의 신용이 낮으면 복음의 신용도 함께 떨어집니다.

세상이 우리의 성실함과 진실함을 신뢰할수록 우리는 더 큰 선한 영향력을 미칠 수 있습니다. 초대교회 성도들이 '그리스도인'이라 불렸던 것도 그들의 삶이 복음의 신용을 증명했기 때문입니다. 사람들이 그들의 행실을 보고 하나님께 영광을 돌렸습니다.

매일 신용카드를 사용할 때마다 기억합시다. 최상급 신

용으로 우리의 죄를 대신 갚으신 예수님, 우리의 빚을 영단번의 희생으로 청산하신 그분을. 그리고 우리를 여전히 믿어주시고, 그 신용으로 우리를 하나님의 일꾼으로 세워주신 은혜를 기억합시다.

이제 우리도 세상 앞에서 신용 있는 그리스도인으로 살아갑시다. 삶으로 감동을 주고, 믿음으로 신뢰를 쌓는 사람. 그가 바로 복음의 신용 등급이 높은 제자입니다.

달고나 신학

삶을 녹이고 세상을 달게 하는 믿음의 레시피

혹시 '달고나 신학'이라는 말을 들어본 적이 있으신가요? 아마 생소하게 들릴 것입니다. 달고나를 만드는 과정을 묵상하며 제가 나름대로 정리한 신학이기 때문입니다.

지역에 따라 '뽑기'라고도 불리는 '달고나'는 설탕을 녹인 뒤 베이킹소다를 넣어 부풀리고, 철판에 부어 납작하게 눌러 모양을 찍어내는 단순한 과자입니다. 어린 시절 하굣길, 골목 어귀마다 풍기던 달콤한 냄새를 참지 못해 길바닥에 쪼그리고 앉아 바늘로 모양을 조심스레 떼어내던 기억이 떠오릅니다. 당시엔 부모님이 "이 썩는 불량식품"이라며 금지했지만 지금은 〈오징어 게임〉 덕분에 세계적인 간식으로 부활했습니다. 심지어 '달고나 세트'가 아마존에서 꽤 높은 가격에 팔리고 있습니다.

이 단순한 간식 속에 담긴 신앙의 비밀을 함께 살펴볼까요?

1. 희생의 신학

달고나를 만들려면 먼저 설탕이 불 위에서 녹아야 합니다. 국자 안에서 설탕이 녹을수록 원래의 형태는 사라지고, 새로운 형태가 태어납니다.

믿음의 삶도 그렇습니다. 나의 자아와 교만, 욕심이 성령의 불 앞에서 녹아내릴 때 비로소 새로운 존재로 빚어집니다. 옛 습관이 사라질 때 우리는 예수 그리스도를 닮은 온전한 사람으로 자라납니다.

2. 용납의 신학

녹은 설탕에 베이킹소다를 넣고 나무젓가락으로 재빨리 젓습니다. 이때 설탕이 소다와 섞이기를 거부하면 부드럽게 부풀지 않습니다. 소다에서 나온 기체가 설탕을 부풀리고 새로운 질감을 만들어내기 때문입니다.

신앙도 마찬가지입니다. 그리스도의 사랑으로 서로를 용납할 때 굳었던 마음이 부드러워지고 공동체가 세워집니다. 생각이 다르고, 배경이 다르고, 성향이 달라도 예수님의 사랑 안에서 서로를 받아들일 때 교회는 복음의 지경, 사랑의 지경, 섬김의 지경을 넓혀 갈 수 있습니다.

3. 고통의 신학

설탕과 소다가 섞인 액체를 철판 위에 부어 눌러 모양을 찍습니다. 별, 세모, 우산, 동그라미…. 그리고 그 모양을 깨지지 않게 바늘로 찔러 떼어내야 완성됩니다. 〈오징어 게임〉 속 장면처럼, 불빛에 비추고 혀로 녹여가며 신중하게 떼어내야 합니다.

신앙생활에도 이런 고통의 과정이 있습니다. 삶의 현실, 병, 실패, 관계의 상처… 그 모든 눌림 속에서 하나님은 우리를 다듬으십니다. 정금 같은 믿음으로 빚기 위해 말씀이라는 날카로운 검으로 우리의 마음을 찌르십니다. 그 말씀의 빛에 자신을 비출 때 비로소 불필요한 욕망이 떨어져 나가고, 그리스도의 형상이 새겨집니다. 그래서 우리는 수시로 말씀 앞에 서서 신앙에 불필요한 요소들을 비워내야 합니다.

4. 기쁨의 신학

달고나는 추억의 기쁨을 줍니다. 어린 시절의 웃음, 달콤한 냄새 그리고 성공적으로 뽑아냈을 때의 환호가 떠오릅니다. 요즘은 달고나 라떼, 달고나 밀크티, 달고나 마카롱 등으로 새롭게 변주되어 또 다른 즐거움이 있습니다.

이처럼 믿음의 여정에도 기쁨이 있습니다. 예수님과의

라떼 한 잔의 은혜

첫사랑을 기억할 때의 기쁨, 그분과 동행하며 날마다 새로워지는 기쁨 그리고 세상 속에서 하나님의 선하심을 경험하는 기쁨입니다. 가정에서는 작은 천국을 이루는 기쁨, 교회에서는 섬기고 예배하는 기쁨, 삶의 자리에서는 모든 것을 합력하여 선으로 바꾸시는 하나님을 신뢰하는 기쁨이 있습니다.

달고나가 만들어지는 과정처럼 희생과 용납, 고통과 기쁨의 과정을 통해 우리의 믿음이 달콤하고 깊은 향기를 내는 신앙으로 빚어지길 바랍니다.

몽당연필 신학

작지만 여전히 쓰임받는 인생

테레사 수녀는 이렇게 고백했습니다.

"나는 하나님의 손에 들린 몽당연필입니다."

그녀는 자신을 작고 초라한 존재라 여겼지만, 하나님의 손에 들려 세상에 깊은 사랑의 문장을 남겼습니다.

어린 시절, 누구나 손에 쥐었던 몽당연필을 기억합니다. 길고 단단했던 연필은 쓰일수록 깎이고 닳아 손에 쥐기 어려워지지만 그 짧은 몸에도 여전히 많은 이야기가 담겨 있습니다. 이 작은 몽당연필을 통해 '하나님께 쓰임받는 삶'의 의미를 함께 생각해보려 합니다.

1. 작아져도 여전히 쓰임 받을 수 있습니다

연필의 가치는 길이가 아니라 심에 있습니다. 심이 온전하면 아무리 짧아도 여전히 주인의 손에 들립니다.

우리 인생도 같습니다. 세상 기준으로는 보잘것없고 닳아버린 인생이라 해도 중심에 하나님의 뜻이 살아 있다면 우리는 여전히 쓰임받을 수 있습니다. 하나님께서 주신 사명이 남아 있는 한 우리의 인생은 끝나지 않습니다.

2. 깎이는 아픔 속에서 다듬어집니다

연필은 쓰임받기 위해 수없이 깎입니다. 칼끝이 닿을 때마다 통증이 있지만 그 과정을 통과해야 비로소 글을 쓸 수 있습니다.

우리의 신앙도 그렇습니다. 고난과 실패, 절망의 시간 속에서 우리는 깎이고 다듬어집니다. 말씀 앞에서 교만이 꺾이고, 자아가 내려놓아지고, 아픔이 은혜로 바뀔 때 하나님은 우리를 예수님을 닮은 사람으로 빚어가십니다. 깎임은 상처가 아니라 쓰임의 준비 과정입니다.

3. 서로의 손이 되어야 완성됩니다

어릴 적, 짧아진 연필이 아까워 볼펜 꽁다리에 끼워 끝까지 썼던 기억이 있습니다. 누군가의 작은 손길이 더해질 때 몽당연필도 다시 한 편의 이야기를 써내려갈 수 있었습니다.

믿음의 공동체도 같습니다. "나는 당신이 필요하고, 당신은 내가 필요합니다." 이 고백 속에서 우리는 서로의 손이 되어주고 부족함을 채워주는 사랑의 공동체가 됩니다. 전도서 4장 9절은 이렇게 말합니다. "두 사람이 한 사람보다 나음은 그들이 수고함으로 좋은 상을 얻을 것임이라." 혼자서는 멀리 갈 수 없습니다. 그러나 함께라면 더 멀리, 더 깊이 나아갈 수 있습니다.

4. 주인의 손에 들려야 쓰임받을 수 있습니다

연필은 스스로 글을 쓸 수 없습니다. 주인의 손에 들릴 때 비로소 자신의 목적을 완성합니다. 주인이 귀하게 여기지 않으면 연필은 그저 버려진 도구일 뿐입니다.

우리도 마찬가지입니다. 우리는 자신을 위해 존재하지 않습니다. 테레사 수녀가 하나님의 손에 들려 세상을 변화시켰듯 우리 역시 하나님의 손에 붙잡힐 때 아름다운 문장을 써 내려가기 시작합니다.

지금 당신의 삶이 몽당연필처럼 느껴집니까? 보잘것없어 보입니까? 그러나 기억하십시오. 하나님은 그런 연필을 가장 귀하게 사용하십니다. 그분의 손에 들린 순간, 당신은 이미 세상을 바꾸는 글을 쓰고 있습니다.

사과 신학

하루의 평범함 속에 숨은 하나님의 신비

저는 어릴 때부터 사과를 좋아했습니다. 지금도 건강을 위해 하루 한두 개씩 즐겨 먹습니다. 그런데 문득, 사과를 먹으며 떠오른 묵상이 있습니다. 사과 속에도 신학이 담겨 있더군요.

1. 말씀은 영혼의 금사과입니다

"아침 사과가 금사과다." "하루에 사과 한 개면 의사가 필요 없다." 사과가 건강에 얼마나 좋은지를 강조하는 말입니다. 그렇다면 영혼의 건강은 무엇으로 지켜질까요?

아침에 먹는 하나님의 말씀은 그야말로 '금(金) 사과'입니다. 말씀은 언제 먹어도 우리를 살리는 생명의 양식입니다. 피곤한 마음을 새롭게 하고, 지친 영혼을 깨웁니다.

2. 믿음은 씨앗 속에 숨은 열매를 보는 눈입니다

사과 속에서 씨를 보는 사람이 있고, 씨 속에서 사과를 보는 사람이 있습니다. 부정적인 사람은 달콤한 사과의 맛보다, 그 안의 작은 씨앗이 주는 불편함에 집중합니다. 하지만 긍정적인 사람은 그 씨앗 하나에서 새로운 사과나무를 봅니다.

믿음이란 바로 그런 시선입니다. 보이지 않는 가능성을 믿고, 아직 열리지 않은 열매를 바라보는 것. 믿음의 사람은 현실의 한계를 넘어 하나님의 약속의 씨앗을 봅니다.

3. 한 사람의 영향력은 사과 한 통을 바꿉니다

"썩은 사과 하나가 사과 한 통을 망친다." 작은 부패가 전체를 무너뜨린다는 뜻입니다.

영적 공동체도 마찬가지입니다. 한 사람의 말, 한 사람의 태도가 주변의 영혼에 영향을 미칩니다. "경우에 합당한 말은 아로새긴 은 쟁반에 금 사과니라"(잠 25:11). 덕을 세우는 말은 금사과처럼 아름답지만, 부정적인 말과 태도는 공동체를 병들게 합니다. 우리가 내뱉는 한마디가 공동체의 공기를 바꿀 수 있습니다. 그만큼 우리의 말은 하나님 나라의 향기를 머금어야 합니다.

4. 나는 하나님의 눈에 비친 '사과'입니다

시편 기자는 이렇게 기도합니다. "나를 눈동자같이 지키시고 주의 날개 그늘 아래에 감추사"(시 17:8). 여기서 '눈동자 같이'는 문자 그대로 "내 눈에 있는 사과"the apple of my eye를 뜻합니다. 내 눈에 넣어도 안 아픈 소중한 사람이란 의미입니다. 즉 우리는 하나님의 눈에 담긴 사과입니다.

하나님은 우리를 그분의 눈동자처럼 소중히 지키십니다. 그분의 시선은 늘 우리를 향해 있습니다. 그분의 사랑은 우리가 생각하는 것보다 훨씬 깊고 섬세하며 끊임없습니다.

혹시 지금 사과 한 조각을 입에 머금고 있다면, 그 단맛 사이로 하나님의 마음을 조용히 떠올려보십시오. 당신은 하나님의 눈에 담긴 사과, 그분의 손에 들린 가장 귀한 열매입니다.

연어 신학
돌아감이 끝이 아닌, 새 생명의 시작

오래전 캐나다 밴쿠버에서 사역할 때 연어 부화장을 방문한 적이 있습니다. 부화장에서 태어난 연어 치어들은 강을 따라 광활한 바다로 나아갔다가 3~4년 후 가을이 되면 다시 자신이 태어난 고향으로 돌아와 알을 낳고 생을 마칩니다. 그것이 연어의 일생입니다. 놀라운 점은 그 작은 몸에 내비게이션도 시계도 없는데 어떻게 수천 마일을 헤엄쳐 정확한 시기와 장소로 돌아올 수 있는가 하는 것입니다. 이 놀라운 귀향의 여정을 '귀소본능'Home Instinct이라 부릅니다.

하지만 그 길은 결코 순탄하지 않습니다. 연어는 죽을힘을 다해 거센 물살을 거슬러 오르고, 때로는 바위를 뛰어넘다 상처를 입습니다. 비늘이 벗겨지고 살점이 떨어지기도 하며, 곰이나 새의 먹이가 되거나 낚시꾼의 손에 잡히기도 합니다. 그렇게 치열한 여정 끝에 고향에 닿은 연어는 이미 몸속 단백질의 절반 이상을 잃은 상태입니다. 수컷은 정액을 방출한 뒤, 암컷은 알을 낳은 뒤에 대부분 생을 마감합니다. 그 귀향은 곧 희생의 여정입니다.

"인생이란, 고향으로 돌아가는 여행이다."
연어의 귀소본능을 보며 든 생각입니다. 연어가 본능적으로 고향을 사모하듯 우리 영혼에도 하나님께서 예비하신 본향을 향한 그리움이 새겨져 있습니다. 세상 풍조와 고난이라는 거친 물살을 거슬러 올라가야 하지만 그 끝에는 아버지의 품이 기다리고 있습니다.

연어는 다음 세대를 위해 자신을 온전히 내어줍니다. 생명을 잇기 위한 희생이 그들의 본능입니다. 마찬가지로 우리도 한 영혼이 하나님께 돌아와 예수님의 제자로 자라나기까지 자신을 드릴 수 있어야 합니다. 부화장에서 바다로 나아가는 연어 치어들처럼 우리 또한 익숙한 안전지대를 벗어나 세상 속으로 나가 빛과 소금으로 살아가야 합니다.

예수님 역시 고난 주간에 예루살렘에 입성하시어 성전을

정결하게 하시고, 제자들의 발을 씻기시며, 십자가의 길을 걸어가셨습니다. 배신과 조롱, 불의한 재판과 고통 속에서도 끝내 하나님의 뜻을 이루셨습니다. 인류의 구원을 위해 자신을 내어주신 예수님, 그분의 십자가는 가장 위대한 '귀향의 사랑'이었습니다.

연어의 본능을 떠올릴 때마다 단순한 자연의 신비를 넘어 우리의 영적 본향을 기억했으면 좋겠습니다. 하나님께서 우리 안에 심어주신 '영적 귀소본능'Spiritual Home Instinct, 즉 그분께 돌아가고자 하는 본능이 다시 깨어나길 바랍니다.

연어는 고향에 닿은 뒤 생을 마치지만, 우리는 부활하신 주님 안에서 죽음 너머의 생명을 약속받은 존재입니다. 그분의 사랑 안에서 우리의 귀향은 끝이 아니라 새로운 시작입니다.

라떼 한 잔에서도 하나님을 느끼다

섬세해지면 열리는 은혜 수용체

이제 책을 덮고 라떼 한 잔을 손에 들면,
세상은 여전히 분주히 돌아가고
우리는 여전히 작고 평범한 일상에서 살아간다.

그러나 단 한 가지 달라진 것이 있다.
이제 우리는 그 평범한 풍경,
즉 밥 한 끼의 따뜻함, 라떼 한 잔의 향기,
반려동물의 눈빛, 나무의 숨결,
운동장에서 들려오는 작은 숨소리 속에서도
하나님께서 들려주시는 이야기를
조금 더 섬세하게 들을 수 있게 되었다.

도그 영성은 순수한 충성과 집중을 통해
말씀 앞에서 단순하고 진실하게 사는 법을 일깨워주었다.
스포츠 영성은 끝까지 포기하지 않는 인내와 믿음,
그리고 하나님의 시선에 맞춘 삶의 방향을 가르쳐주었다.

푸드 영성은 먹는다는 일상의 단순함 속에서도
영혼을 살리는 은혜가 깃들어 있음을 보여주었고,
드링크 영성은 라떼 한 잔 속에
십자가와 은혜, 삶과 믿음이 섞여 있음을 일러주었다.

트리 영성은 가지치기와 뿌리 내림,
고난을 통한 성장과 인내의 깊이를 보여주었으며,
라이프 영성은 우리가 예수님 안에서 누리는 자유와 책임,
그리고 세상 속 신용의 의미를 새롭게 비춰주었다.

삶은 대체로 평범하고, 때로는 지루할 만큼 단조롭다.
그러나 바로 그 평범함 속에서
하나님의 은혜는 가장 선명하게 빛난다.
작은 일상 하나하나가
믿음을 단단하게 하고
영혼이 깊이 숨 쉬는 통로가 된다.

오늘도 평범한 하루를 살아내는 당신에게,
라떼 한 잔과 함께 묵상의 시간을 선물한다.

잊지 말라.
하루의 사소함 속에서도
우리의 영혼과 믿음, 은혜는
가장 깊고 진하게 숨 쉬고 있다는 것을.

🌱 M2G Ministries 소개

M2G Ministries (이하 M2G)는 예수님의 삶과 가르침을 따라 하나님께서 한 사람 한 사람을 얼마나 소중히 여기시는지를 기억하며, 그 한 사람을 하나님께 드려진 제자로 세워가는 공동체입니다. 우리는 '하나님께 소중한 자'로 부름 받아 복음 안에서 연결되고 사랑으로 동역하며 하나님 나라의 뜻을 이루어가는 것을 사명으로 삼습니다. M2G는 전도, 제자훈련, 사랑의 실천을 통해 세상 속에서 예수의 제자로 살아가도록 돕는 하나님 나라 네트워크 공동체입니다.

Matter to God 요한복음 3:16

당신은 하나님께 소중합니다. M2G 사역은 교회와 일꾼들(평신도, 목회자, 선교사)이 하나님께 소중한 존재임을 알리고, 네트워킹과 동역을 통해 예수님의 제자로 세우는 사역입니다.

M2G 미니스트리 대표 **노창수 목사**

SEED 국제선교회 이사장
(전) 남가주사랑의교회 담임
(전) 와싱톤중앙장로교회 담임
(전) Biola University 이사

🌱 M2G Ministries 목적

M2G는 교회, 평신도, 목회자 그리고 선교사가 제자도를 통해 자신이 하나님께 소중한 존재임을 깨닫고, 하나님 나라의 소중한 일꾼으로 세워져 하나님의 뜻을 이루는 일에 헌신할 수 있도록 돕습니다.

🌱 M2G Ministries 핵심가치 4 'P'

Partnership | 동역
서로 협력하며
함께 사역함

Personal | 개인적
한 사람 한 사람을
존중하고 돌봄

Protected | 안전
안전하게 보호하며
마음을 지킴

Presence | 동행
하나님 안에서 동행함

🌱 M2G Ministries 주요사역

교회 & 평신도

- 온전한 제자 세우는 **제자도**
- 말씀(집회) 및 세미나
- 건강한 교회로의 회복(갈등과 분쟁, 리더십 전환)
- 사역자 **네트워킹과 멘토링**
- 소그룹 소유 교회에서 **소그룹 중심 교회로**의 전환
- 전통교회에서 **제자훈련교회로**의 전환

목회자

- 목회자 섬김(예: 훈련, 건축, 청빙, 부교역자 관계)
- 미자립교회와 디아스포라 교회 말씀(집회) 사역
- 제자훈련 목회자 네트워킹
- 목회자 영적 케어: 수양회 및 가정 회복 프로그램

선교사

- **영적 케어**: 말씀과 기도
- **정서적 케어**: 멘토링과 돌봄
- 선교 현장 속 제자로서의 삶 동역

M2G Ministries와 함께 하나님 나라를 세워가는 방법

M2G Ministries 대표 노창수 목사
5242 Lincoln Ave. STE. C2,
Cypress, CA 90630
Email um2g2025@gmail.com
Phone 714-293-7859

후원 안내
US Bank
Routing Number 122235821
Accounting Number 157540346952
Zelle um2g2025@gmail.com

국제제자훈련원은 건강한 교회를 꿈꾸는 목회의 동반자로서 제자 삼는 사역을 중심으로
성경적 목회 모델을 제시함으로 세계 교회를 섬기는 전문 사역 기관입니다.

라떼 한 잔의 은혜

초판 1쇄 인쇄 2025년 11월 21일
초판 1쇄 발행 2025년 11월 28일

지은이 노창수

펴낸이 오정현
펴낸곳 국제제자훈련원
등록번호 제2013-000170호(2013년 9월 25일)
주소 서울시 서초구 효령로68길 98(서초동)
전화 02)3489-4300 **팩스** 02)3489-4329
이메일 dmipress@sarang.org

ISBN 978-89-5731-955-0   03230
※ 책값은 뒤표지에 있습니다. 잘못된 책은 구입하신 곳에서 교환해드립니다.